東洋文庫　監修

東洋文庫善本叢書 ⑤

国宝 毛詩

重要文化財 礼記正義 巻第五残巻

勉誠出版

目次

凡例

・公益財団法人東洋文庫所蔵の国宝「毛詩」および重要文化財「礼記正義　巻第五残巻」を原色・原寸で影印した。
・解題は、石塚晴通（北海道大学名誉教授）・小助川貞次（富山大学教授）・會谷佳光（公益財団法人東洋文庫）が担当した。

1　毛詩

巻子装（縮小）

外函（縮小）

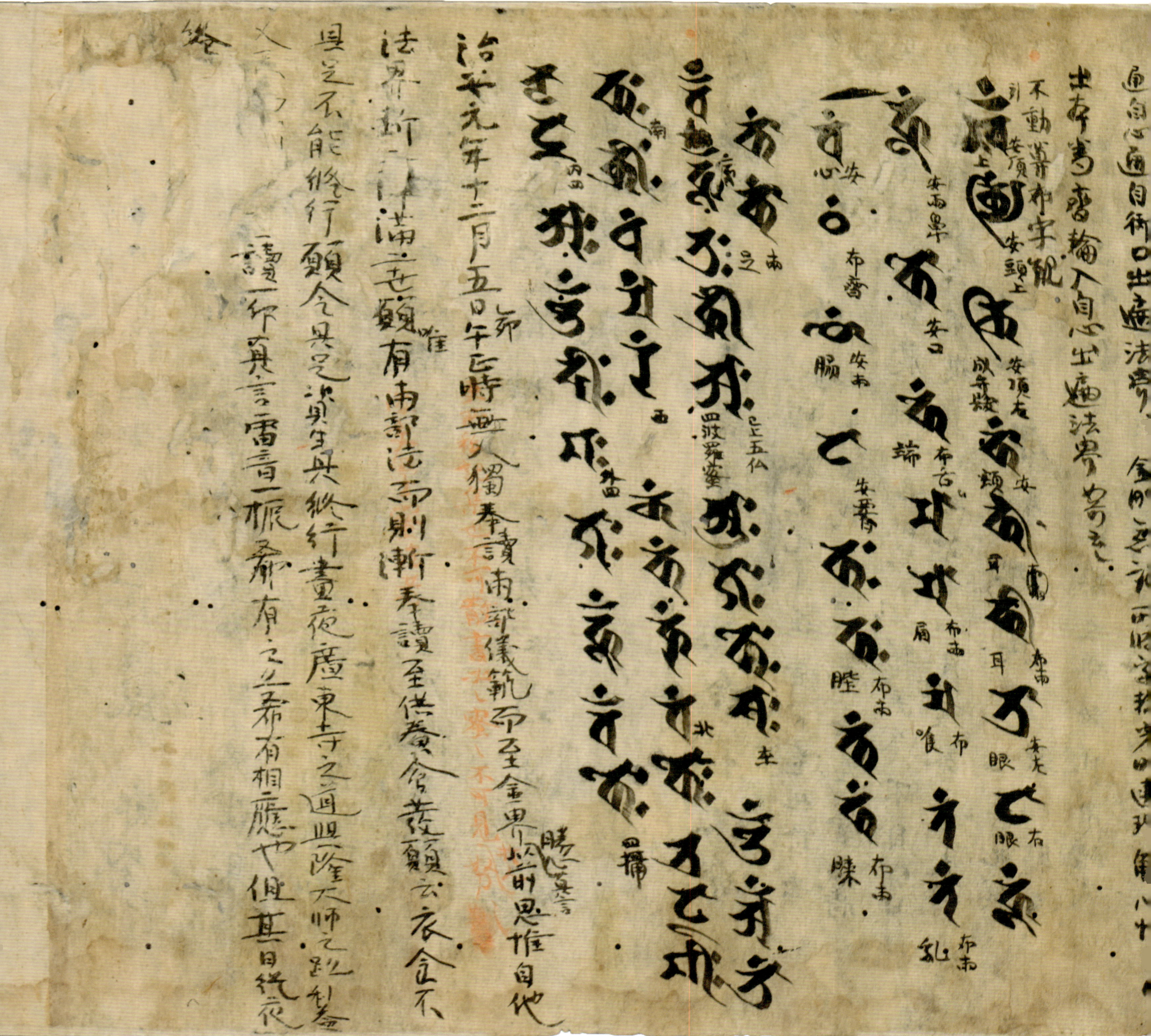

裏第五紙（表第一紙）

表紙

見返し

唐詁訓傳第十　毛詩國風　鄭氏箋

剌晉僖公也儉不中礼故作是詩以閔之欲其及時以禮自虞樂也此晉也而謂之唐本其風俗憂深思遠儉而用禮乃有堯之遺風憂深思遠謂宛其死矣百歲之後之類也

蟋蟀在堂歲聿其暮今我不樂日月其除蟋蟀蛬也九月在堂聿遂也除去也箋云我〻僖公也蛬在堂歲時之候也是時農功畢君可以自樂矣今不自樂日月將過去不復暇為之謂十二月當復命農夫計耦耕事也

無已太康職思其居已甚也康樂也職主也箋云君雖當自樂亦無甚大樂欲其用禮為節又當主思於所居之事謂國中政令也

詁訓傳第十　毛詩國風　鄭氏箋

刺晉僖公也儉不中礼故作是
詩以閔之欲其及時以禮自虞樂也
此晉也而謂之唐本其風俗憂深思
遠儉而用禮乃有堯之遺風　憂深思遠謂宛
其死矣百歲之後之類也
蟋蟀在堂歳聿其暮今我不樂
日月其除　蟋蟀蛬也九月在堂聿遂也除去也箋云我〻僖公也蛬在堂歳時
之候也是時農功畢君可以自樂矣今不自樂日
月將適去不復暇為之謂十二月當復命農夫計
耦耕事也　無已太康職思其居　已甚也康樂也職主

第一紙

也箋云君雖當自樂亦無甚大樂欲其用禮爲節也又當主思於所居之事謂國中政令也

好樂无荒良士瞿〻荒大也瞿〻然顧禮義皃也箋云荒廢亂也良善也君之好樂不當至於廢亂政事當如善士瞿〻然顧禮義也

蟋蟀在堂歳聿其逝今我不樂日月其邁〻行也無已太康職思其外〻禮樂之外也箋云外謂國外至四境也好樂無荒良士蹶〻蹶〻動而敏於時事也

蟋蟀在堂役車其休箋云庶人乘役〻車〻休農功畢无事之也今我不樂日月其慆〻過也無已太康職思其憂〻可憂也箋云憂者謂鄰國侵伐之憂也好樂無荒良士休〻休〻樂道之心也

蟋蟀三章〻八句

本或作蓲 烏侯反

山有樞刺晉昭公也不能脩道以正

叶刀反

俱衛反

蟋蟀三章 八句

山有樞（本或作藲 烏侯反）剌晉昭公也不能脩道以正其國有財不能用有鍾皷不能以自樂（所恪反）有朝廷不能洒埽政荒民散將以危亡四鄰謀取其國家而不知國人作此詩以剌之也

山有樞隰有楡 興也樞荎也國君有財貨而不能用如山隰不能自用其財也（昌朱反 沈又直科反）

子有衣裳弗曳（以世反）弗婁（力俱反）子有車馬弗馳弗驅 婁亦曳也

宛（於阮反）其死矣他人是愉（毛以朱反 鄭作偸 他侯反） 宛死皃也愉樂也箋云愉讀曰偸偸取也

山有栲（音考）隰有杻（女九反） 栲山樗（勑書反 又他胡反）也杻檍（於力反）也

子有廷內弗洒弗埽子有鍾皷弗皷弗考 洒灑（毛所懈反 又所綺反）也考擊也

宛其死矣他人是保

々安也箋云保居也山有漆隰有栗子有酒食何不日鼓瑟君子無大故琴瑟不離於側也且以喜樂且以永日永長也宛其死矣他人入室々家入室居其位也

山有樞三章々八句

揚之水剌晉昭公也昭公分國以封沃々盛彊昭公微弱國人將叛而歸沃焉

封沃者封叔父桓叔於沃也沃曲沃晉之邑也揚之水白石鑿々興也鑿々然鮮明皃也箋云激揚之水波流湍疾洗去垢濁使白石鑿々然興者喻桓叔盛彊除民所惡民得以有礼義也素衣朱襮從子于沃襮領也諸侯繡黼丹朱中衣沃曲沃也箋云繡當為綃々黼丹朱中々衣々以綃黼為領丹朱為純也國人欲進此服去從桓叔也既見君子云何不樂箋云君子謂桓叔也揚之水

白石晧〻古老反 晧〻潔白 素衣朱繡從子于鵠戸毒反 繡黼也鵠曲沃之邑也 既見君子云何其憂 言无憂也 揚之水白石鄰〻 鄰〻清徹之皃也 我聞有命不可以告人 聞曲沃有善政也不敢以告人也箋云不告人而去者畏昭公謂己動民心也

揚之水三章〻六句一章〻四句

椒聊〻刺晉昭公也君子見沃之能脩其政知其蕃音煩衍盛大子孫將有晉國焉

椒聊之實蕃衍盈升 興也椒聊椒也箋云椒之性芬香少實今一捄之實蕃衍蒲升非其常也興者喻桓叔晉君支別耳今其子孫衆多也將日以盛也 彼己之子碩大無朋 朋〻比也箋云之子是子也謂桓叔也碩謂壯貌佼好也大謂德美廣博也无朋平均不朋黨也 椒聊且子餘反下同遠條且 條長也箋云椒之氣日益遠長似桓叔之 椒聊之實蕃衍盈匊本又作掬九六反 兩手曰匊

彼己之子碩大且篤篤厚也椒聊且遠條
且
椒聊二章〻六句
綢繆刺晉亂也國亂婚姻不得其時
焉不得其時謂不及仲春之月也
綢繆束薪三星在天興也綢繆猶纏綿也三星參也在天謂始見東
方男女待禮而成若薪蒭待人事而束也三星在
天可以嫁娶矣箋云三星謂心星也心有尊卑夫
婦父子之象也又爲二月之合宿故嫁娶者以爲
候焉昏而火星不見嫁娶之時也今我束薪於
野乃見其在天則三月之末四月中見於東方矣故云不得其時也今夕何夕
見此良人良人美室也箋云今夕何夕者言此夕何月之夕乎而女以見良人言
非其時也子〻兮〻如此良人何子兮者嗟茲也箋云子〻兮
〻者斥娶者也子之娶後陰陽交綢繆束蒭

非其時也子兮子兮如此良人何箋云子兮子兮

兮者斥娶者也子之娶後陰陽交會之月當如此良人何也綢繆束芻

三星在隅隅東南隅也箋云心星在隅謂四月之末五月之中今夕

何夕見此解觀解觀解（音蟹）説之貌子兮子兮如

此解觀何綢繆束楚三星在戶參星

正月中直戶也箋云心星在戶謂五月之末六月之中也今夕何夕見

此粲（米旦反）者三女爲粲大夫一妻二妾也子兮子兮如此

粲者何

綢繆三章章六句

杕（徒細反）杜刺時也君不能親其宗族骨肉

離散獨居而無兄弟將爲沃所并（必正反）爾

有杕之杜其葉湑湑（私叙反）興也杕特貌也杜赤棠也湑湑枝葉（俱禹反）

不相比近也獨行踽踽豈無他人不如我同
父踽踽无所親也箋云他人謂異姓也言昭公遠其宗族獨行於國中踽踽然此豈无異姓
之臣乎顧恩不如同姓親親也嗟行之人胡不比焉
箋云君所與行之人謂異姓卿大夫也比輔也此人女何以不輔君為政令也人無
兄弟胡不佽焉佽助也箋云異姓卿大夫女見君无兄弟之親親者
何不相推佽助之乎有杕之杜其葉菁菁菁菁葉盛也箋
云菁菁希少之貌也獨行睘睘豈無他人不如我
同姓睘睘无所依也同姓同祖也嗟行之人胡不比
焉人無兄弟胡不佽焉

杕杜二章章九句

羔裘刺時也晉人刺其在位之不恤
其民也恤憂也

其民也……

羔裘豹袪自我人居居袪袂末也本末不同在位與民異心自用也居居懷惡不相親比之貌也箋云羔裘豹袪在位卿大夫之服也其役使我之民人其意居居然有悖惡之心不恤我之困苦也豈無他人惟子之故箋云此民卿大夫采邑之民也故曰豈无他人可以歸往者乎我不去者乃念子故舊人耳

羔裘豹褎自我人究究褎猶袪也究究猶居居也

豈無他人惟子之好箋云我不能去而歸往他人者乃念子而愛好之也民之厚如此亦唐之遺風也

羔裘二章章四句

鴇羽刺時也昭公之後大亂五世君子下從征役不得養其父母而作是詩也大亂五世者昭公也孝侯也鄂侯也哀侯也小子侯也

肅〻鴇羽集于苞栩興也肅〻鳥羽聲也集止也苞稹也栩杼也鴇之性不樹止箋云興者喩君子當居安平之處今下從政役其爲危苦如鴇之樹止然稹者根相迫迮梱緻也王事靡盬不能藝黍稷父母何怙（音戶）盬不攻致也怙恃也箋云藝種也我迫王事无不攻致故盡力焉既則罷倦不能播種五穀今我父母將何怙乎也悠〻蒼天曷其有所箋云曷何也何時我得其所哉肅〻鴇翼集于苞棘王事靡盬不能藝黍稷父母何食悠〻蒼天曷其有極箋云極已也肅〻鴇行（戶郎反）集于苞桑行翮（戶革反）也王事靡盬不能藝稻粱父母何嘗悠〻蒼天曷其有常

鴇羽三章〻七句

鵠羽三章〻七句

右舊鈔本毛詩唐風鴇羽凡
壹百十三行字體雅遒其爲奈良
朝人士手寫無疑今校以唐石經
宋小字本相臺本異同甚多不遑
枚擧与七經孟子考文所引古本互
相對勘亦有合有不合今不縷載試
發數端揚〻水白石皓皓此作晧晧毛傳
亦同案唐石經初刻作皓後改磨作晧
宋以後各本則無一作晧者不知說文所

錄从日不从白廣韻三十二晧又作晧不作皓顧廣圻謂釋文當本作晧此本一出足以證顧說之正綢繆今夕何夕見此邂逅此作解覯毛傳亦同案釋文邂亦作解逅又作覯陳奐云說文無邂字邂逅當依釋文作解覯陳說正与此本合杕杜獨行睘睘此作煢煢案釋文睘本作㷀又作煢求營反文選張衡思玄賦注陸雲贈婦詩注引亦作煢煢乃知此本所據即釋文所謂一本授受淵源具可考見凡此三條經文之不同各本者

也山有樞且以永日毛傳永引也此作
永長也案毛傳於卷耳漢廣常棣
文王均以長訓永此獨不然頗為可怪
獨正義云且可以永長此日何故弗為
乎言永日者人而無事則長日難度
若飲食作樂則忘憂愁可以永長此
日是知正義本毛傳亦作永長也故
連綴二字而為解耳施之引字無當矣
宛其死矣他人入室各本無毛傳而
此獨有室家入室居其位也八字
是殆不可解案正義此一段寥、
故語或沖遠所據原無毛傳後世

因正義本大盛行他本亦并傳文而脱
略之歟綢繆子兮子兮如此良人何箋
云子兮子兮者斥嫁取者取同娶此本無
嫁字慶長活字本亦無案經但刺取者不刺嫁
者故箋下文云子取後陰陽交會之月
也正義亦無嫁取者俱刺之說蓋嫁
字後世淺人所妄加此本無之於義
為長羔裘羔裘豹袪毛傳袪袂也
此本袂下多一末字案釋文袪下云
袂末也正義云此解直云袪袂定本
云袪袂末与禮合是知此本作袂末
与釋文定本同而与正義本異案

春秋內外傳晉侯使寺人披伐蒲重耳踰垣而走披斬其袪杜預韋昭二均解袪為袂然此時重耳見披至倉皇以身而遁故披唯得斬其袂末而已斬袪二字極形容危機一髮之狀可見此本所解不但與禮合凡此四條傳箋之不同各本者也夫隋唐古經傳之存於我者固為不少即若足利之藏具資助考鏡裨益學術世所共知然以此比彼長短互見而竟不如此本之佳豈唯千歲古香輝光藝圃

已哉此本舊藏山城鳴瀧常樂
院今歸東京和田氏頃者借得影
印數部以餉同好及還之為錄考語
以明此本之可貴在其因發揮經
義未可与夫錦繡珠玉僅喜人
目者同列而論焉
大正九年五月　狩野直喜記

予已跋此書思燉煌遺書中亦
有毛詩殘卷（原本今藏法國巴黎國民圖書館）
試取對校若綢繆經文邂逅作

予已跋此書思燉煌遺書中亦有毛詩殘卷原本今藏法國巴黎國民圖書館試取對校若綢繆經文邂逅作解覯羔裘毛傳袪袂也作袪袂末也綢繆鄭箋作嫁娶者無嫁字兩書正同可見唐時鈔本往往如此遺書本字體拙陋類童蒙所寫譌奪互見年代亦稍後於此書而長處竟不可沒蓋是仍唐人鈔寫勝於宋以後刻本萬萬矣直喜又記

口上旋轉如日輪相密語曰　唵曩莫薩嚩怛他引誐多萩哩䭾二合毗[illegible]

嚩日羅二合諦引[illegible]嚩日羅二合翊引二合

頂上長舒二臂密語曰　唵曩莫薩嚩怛他引誐多引捨跋哩布囉拏進

多引摩尼特嚩二合惹引訖利二合毗愈二合嚩日羅二合特嚩二合惹引訖哩二合怛嚂二合引

口上笑處解散寶語曰　唵曩莫薩嚩怛他引誐多引摩訶引必哩二合底(?)

跢羅二合引誐引你耶二合迦剎引毗夜二合引嚩日羅二合賀引西引都入

口上密語曰　唵薩嚩怛他引誐多嚩日羅二合達摩多引三摩引地避入薩覩二合

努引旃摩賀引達訖哩二合呬剎引二合

右耳真言曰　唵薩嚩怛他引誐多蘇囉二合杈惹二合引波引囉蜜多引避引

遲哩戶二合顆引薩覩二合努引旃摩訶引遇沙努霓引淡

左耳真言曰　唵薩嚩怛他引誐多斫迦囉二合引葛丑二合囉蘇剎鑁怛曩

薩嚩萩怛顆引二合多曩耶吽引平薩覩二合努引旃薩嚩曷蘗剎吽引

項後真言曰　唵薩嚩怛他引誐多散馱引娑去引沙淡馱僧伽引哆

避入引誐引能薩覩二合努引旃嚩日囉二合嚩引制引斫入

頂上真言曰　唵薩嚩怛他引誐多虞波吽引茄三叡捺囉二合　已上五方

薩發二合囉拏布惹引羯迷迦囉迦囉入

右肩上真言曰　唵薩嚩怛他引誐多卜瑟波二合蘇囉二合薩囉薩

發二合囉拏布惹引羯迷引吉哩吉哩入

右跨上真言　唵薩嚩怛他引誐多引路引迦　入嚩合擸薩發入
羅拏布惹引羯迷跛羅跛羅入
復員心上真言　唵薩嚩怛他引誐多嚩陁旃伽三母捺囉二合薩
發入二羅拏布惹引羯迷引矩嚧矩嚧入　已上十六尊芳
散花契密語曰　用二句傳尓　唵薩嚩怛他引誐多卜澁波二合布惹引
吽引茹三歒涅羅二合薩發入二羅拏三摩曳引吽引
燒香契密語曰　唵薩嚩怛他引誐多度波布惹引吽引茹三
歒那羅二合薩發入二羅拏三摩曳引吽引
塗香契密語曰　唵薩嚩怛他引誐多嚩陁布惹吽引茹三歒涅
羅入二薩發合二羅拏三摩曳引吽引
燈契密語曰　唵薩嚩怛他引你引波布惹引吽引茹三歒涅羅二合
薩發入二羅拏三摩曳引吽引　已上卅四佚并用三昧會外四供尓
三昧耶寶契密語曰　忍願寶形尓薩埵尓　唵薩嚩怛他引誐多毛引地卯合二誐羅
怛曩囊合二積迦引羅布惹引吽引茹三歒涅羅合二薩發合二羅拏
三摩曳引吽引
戯嬉契密語曰　稽首尓　唵薩嚩怛他引誐多賀引冩也羅冩也入二
訖梨引合二拏羅底爍引契耶引合二努怛羅布惹引吽引茹三歒涅
羅入二薩發合二羅拏三摩曳引吽引
薩埵三昧耶密語曰　忍願如尉　唵薩嚩怛他引誐多繁跛羅嚩日路合二引

薩埵三昧耶蜜語曰　唵薩縛怛他(引)誐多毘野囉縛日囉(引)

破摩三麼地汝(引)縛曩(引)波(引)曩冒(引)惹(引)曩布惹(引)咩茄三

畝涅囉(二合)薩發(二合)囉拏三摩曳(引)吽(引)

羯摩三昧耶蜜語曰　撥書印　唵薩縛怛他(引)誐多迦(去引)耶迦哩(引二合)

𠇍怛曩布惹(引)咩(引)茄三畝涅囉(二合)薩發(二合)囉拏三摩曳(引)吽(引)　已上由四佚

達摩三昧耶蜜語曰　妙觀察智印　唵薩縛怛他(引)誐多質多涅哩也(二合)怛曩

布惹(引)咩(引)茄三畝涅羅(二合)薩發(二合)囉拏三摩曳(引)吽(引)

寶幢三昧耶蜜語曰　空風寶形大交縛以地堅也壇也

唵薩縛怛他(引)誐多摩訶(引)縛日路(引)娜婆(引二合)縛娜(引)曩波(引)

囉蜜多(引)布惹(引)咩(引)茄三畝涅囉(二合)薩發(二合)囉拏三摩曳(引)吽(引)

香身契蜜語曰　塗香印戒也　唵薩縛怛他(引)誐多巘囉怛摩賀

冒馱(引)賀(引)囉迦尸(引)羅波囉蜜多(引)布惹(引)咩(引)茄三畝涅囉(二合)

薩發(二合)囉拏三摩曳(引)吽(引)

善觸地蜜語曰　右手着地是也　唵薩縛怛他(引)誐多(引)努怛囉摩

賀(引)達摩(引)縛冒(引)陁乞灑(引二合)麼波(引)羅蜜多(引)布惹(引)咩(引)茄

三畝涅羅(二合)薩發(二合)囉拏三麼曳(引)吽(引)

闘勝精進契蜜語曰　甲胄印進也　唵薩縛怛他(引)蘖多僧婆(引去)囉

鉢剌麼也(引二合)誐(引)努怛囉麼賀(引)尾哩耶(二合)波(引)羅蜜多布惹(引)

咩(引)茄三畝涅羅(二合)薩發(二合)囉拏三麼曳(引)吽(引)

三麼地契蜜語曰　旅陁印禪也　唵薩縛怛他(引)誐多努怛囉麼賀(引)

燥引企耶二合尾組呼賀羅韈曩波引羅蜜多布惹引吽引茄三鼓莽
囉二合薩發二合囉二合薩發二合囉拏三摩曳引吽引
遍照尊蜜語曰　智拳印　般若波羅蜜也　唵薩縛怛他引誐多引
努怛囉執着礼引二合鉢囉二合底屈恥反耶引縛囉拏縛引婆去曩尾曩
野曩摩訶引酢囉二合枳惹而耶反三合引波囉蜜多引布惹引吽引茄三鼓
涅囉薩頗二合囉拏三麽曳引吽引
膝上三摩地蜜語曰　三空観也　唵薩縛怛他引誐多引麌呬耶二合
摩訶引酢囉二合底丁以反酢底丁以反布惹引吽引茄三鼓渴囉二合薩發二合囉拏
三摩曳引吽引
合指爪蜜語曰　十指合也　唵薩縛怛他引誐多縛引枳底二合哩底引二合
怛曩布惹引吽引茄三鼓涅囉二合薩發二合囉拏三摩曳引吽引
金剛拳大印真言　智拳印　唵紇哩二合娜耶末你引瑟跢引
顗薩縛怛他引蘖跢引南引惹地渲二合𤚥引
三昧耶真言曰　薩埵印　薩縛曰捺薑二合引駱引不羅二合底引薄縛覩
法印真言曰　蓮花三昧耶印　涅瑟酢囉二合半者縛引吉惹二合弟薄縛
覩薩縛怛他引蘖跢引薩摩達喻引駱引阿引惹渲𤚥
羊石印真言　撚書印　悪尾你渲二合馱引縛帝引駱引薩怛縛引二合薩縛
怛他引蘖𤚥引失者二合尾你野二合引地蘖摩散縛囉祭弖引𤚥
次結智拳論真言加持四所[梵字]　次右方塗香素𢿛普湯餟
次花器捧二手破邏引識庘引　次供飯食一々真言　曩莫三満多没馱南阿羅々迦羅々

次花器捧二手破邏引誐䭾引 次供飯食一一真言曰 曩莫三満多没駄南阿羅迦羅

末刹馱泥摩訶摩哩娑婆賀引 用鉢印 次四智讃 普供養真言印有別

金剛百字真言曰 蓮花三昧耶印

唵嚩日囉二合薩怛嚩二合一三摩耶摩努播攞耶二嚩日羅薩怛嚩二合

底尾引二合努播底瑟姹二合三涅哩二合濁軽呼䭾引婆嚩四素覩引使諭二合引

䭾引婆嚩五阿努囉訖覩二合引䭾婆嚩六素補引使諭二合引䭾引婆

嚩七薩嚩悉地䭾引䭾羅二合野瑳八薩嚩羯磨素者䭾引九質多

室刹二合引野句嚧十吽十一引訶訶訶訶斛十二引薄伽梵薩嚩怛他引

蘖多嚩日羅二合摩引䭾引悶遮十三嚩日刹二合婆嚩十四摩訶引三

摩耶薩怛嚩二合十五惡

根本真言曰 忍願如計 唵嚩日囉二合薩怛嚩二合

珠鬘真言 唵嚩日囉二合虞四也二合惹引波三麼曳引吽引

着拳真言曰 唵嚩日囉二合穆

奉送真言曰 唵訖哩二合覩嚩丁薩嚩薩怛嚩二合囉他引二合悉地娜

多野他引努識引蘖車特嚩梵二合没駄尾灑塩布曩囉引識麼

曩野覩四唵𨁈娜摩二合薩怛嚩二合穆

寶山真言 進力寶形也 唵嚩日囉二合怛曩二合毗詵者緼引薩嚩毋捺

羅二合引咩引捺哩二合穉引矩嚕嚩羅迦嚩制引曩梵

解縛得歡喜真言曰 唵嚩日囉二合覩瑟也二合斛引

念誦把珠歸法 先以左手取母珠想母珠无量壽諸觀音數第十波
羅蜜二十路理智法身即五盤者五仏安右手掌中香淨之移轉左右手
三反納合掌內當心誦三反即用毗盧遮那摩羅沙河真言加持心
与頂上三反次捧頂随意發願我欲拔濟无餘界无盡一切衆生故利衆
生事諸悉地慈悲哀愍為加持 次以右手頭大智三指把母珠以左手忍進禪
三指把珠半引轉三反誦真言了次念誦起一珠者斷一煩惱證一三昧起百八
珠斷百八煩惱證百八三昧云々可求 念誦了如初納掌中當額誦頌曰
至心懺悔念誦之中散亂緣怯觀多不如法大々懺愧唯願本尊摩訶毗盧
遮那如来大慈大悲哀愍納受所誦真言決定成就菩提善業云々次念誦了
次本尊加持印明 擬念誦時先觀本尊若因佛則金剛薩埵若果佛則
毗盧遮那觀之云々 次想我身本尊身之二三即我身等入我々入念誦矣
我所誦真言字如珠歸從我口中出入於本尊香輪真言一々字如水精珠
右旋連住本尊心月又本尊所誦從如来口出入於我頂上右旋連住行者
心月如是從環出入不斷絶如珠鬘觀印念誦結妙觀察智印當齊觀
想我心月輪上有字門即誦順三反逆三反

因業不可得
苦空不可得
諸法本生不可得
言説不可得
染淨不可得

遠離我我執
如意輪
六
五
一切諸法相
覆蔵无數身
一
自性離言説
即離塵垢
施与不可盡
義不可得盡

當大諸有情

智業不可得
言説不可得
作業不可得
因業不可得
行業不可得

大日字輪
四　五　三　二　一

應化无因業
染淨不可得
作業无障㝵
調伏四魔衆
堅固不可得
堅持如如界
攝伏諸有情
不動明王

[梵]字染淨不生不可得法不生不可得故[梵]字言説不可得言説不可得故[梵]字染淨不可得
染淨得故[梵]字因業不可得因業不可得故[梵]字等空不可得等空不可得故逆順観
三五七五至百千遍　次[梵]字言説不可得言説不可得故[梵]字因業不可得因
業故[梵]字行業不可得行業不可得故[梵]字智業不可得智業不可得故[梵]字
字作業不可得作業不可得故[梵]字言説不可得[梵]字因業不可得[梵]字行業
不可得[梵]字智業不可得[梵]字作業不可得也　已上三摩地念誦名真實念誦
[梵]字成法界體性智[梵]字成大圓鏡智[梵]字成平等性智[梵]字成
妙観察智[梵]字成所作智　法界體性智即成寂觀　波大圓鏡智
即成五股金剛杵平等性智即成如意寶妙観察智即成紅色蓮花
成所作即成羯磨杵　次布字想虎[梵]字齊[梵]字心[梵]字額[梵]字
頂上[梵]字即誦地水火風空如次相配想内法性五大与外在界 又外法界 五大
无二无別故我身中本自具此五大故自身即法界即自身身是法界身即
變成卒都波卒都波即法界故諸仏海會悉在其中此海會塔變成大
日毗盧遮那遍一切故法界所有是如来身自證如是衆生身亦衆心仏及衆生

是三无差別如是觀了作智拳誦本明七遍加持四處 次金剛語百字 次[illegible]讃
巻四 次八供養甲大供養會也先作印誦真言了 次左方供始
智贊 自塗香捧一一供養普供養印真言り 次偈頌 以我功徳力 次礼卅七尊廻向
次後懺悔 次閼伽偈頌了 次結降三世印解界 次大院 次虚空網 次金剛墻 次解地界
次結解三昧耶奉印一誦一掣開 薩埵 當心引開 唵縛日羅薩埵縛吽穆乞叉穆
次結解羊石奉三掣擘 外縛檀惠禪智相柱當心引開 唵縛日羅羊石𤙖目左目
次結奉送印如文 先誦偈頌 現前諸如來 救世諸菩薩 不斷乘教致 到殊勝
位者 勝義諸天衆 決定證知我 各當隨所安 後復垂哀赴
次結寶山印如文 云云 次被甲 如初 次擐甲唵砧[illegible] 次儹拍
次結金剛三昧印誦真言加持四處 次四仏加持 用初四仏之一印 次五仏灌頂 用初五仏之印真言
次四仏繫鬘 用初四仏一印真言 次三部三昧耶被甲護身 次拍掌 次四礼遍礼
三平等觀 我身之遍法界身也諸仏亦遍法界身也以五身入諸仏身者吾帰命諸仏
以諸仏身入於吾身者諸仏擁護吾也以吾口業入諸仏口業者以吾口業如實
讃歎諸仏功徳也以諸仏口業入吾口業者諸佛説法教授而加持吾也以吾意
業實相道理入諸佛意業實相道理者吾知諸仏意与吾自心以諸仏
意業實相道理入吾意業之實相道理者以諸仏觀照内開示於我也
已成仏自因向果其中向所脩功徳与及淨煩惱成正覺之後度衆生利他之
功徳廣大无邊也一佛功徳廣大无邊況无數如來功徳不可説也以此
不可説之功徳入吾身者諸仏開法界藏以无量功徳施与於我以奉

功德廣大无邊也一佛功德廣大无邊況无數如来功德不可説也以此
不可説之功德入吾身者諸仏開法界蔵以无量功德施与於我〻以本
来有之功德与此生所修功德入諸仏身為吾供養於諸佛也
剣印入観云　我身即是契也語即真言心即本尊也此三密平等〻〻而遍
於法界是名自事平等〻〻三平等与本尊三平等同一縁相是名他之
三平等也非但本尊之三平等与〻〻三平等同一縁相耳已成未成〻〻一切
諸佛之三平等同一縁相也是名共平等也一縁相故真言印契等故引入
諸佛於吾身是名入我〻入吾身於諸仏身是名我入〻故諸仏三无數
劫積習功德與是我身也　初如常　次結定印以身為本尊　次布字観
次根本印誦真言加持四處　[illegible]
[illegible]　項有[illegible]字額上有[illegible]字項有[illegible]字項後有[illegible]字項有
[illegible]字 已上四仏各有其尊種子之　頸有内四供種子心下四角有外四供種子四方有四攝種子 已上聲念誦也
次舌上有如上種子此即曼荼羅也 已上蓮花念誦也　次心内亦如前観 已上金剛念誦也
次聲念誦所修字輪光明連環觸心性自頂出本尊右足下自千輻輪入自
右腋遍自心遍自頂出遍法界利益衆生供養佛事作仏事返来自頂
入自心遍自右足下出自唇頭入心所攝也
次蓮花念誦所修字輪光明連環觸心性自口出本尊左足下自千輻輪入自左腋
遍自心遍自御口出遍法界云〻　金剛念誦所修字輪光明連環觸心性自心
出本尊齊輪入自心出遍法界如前云〻

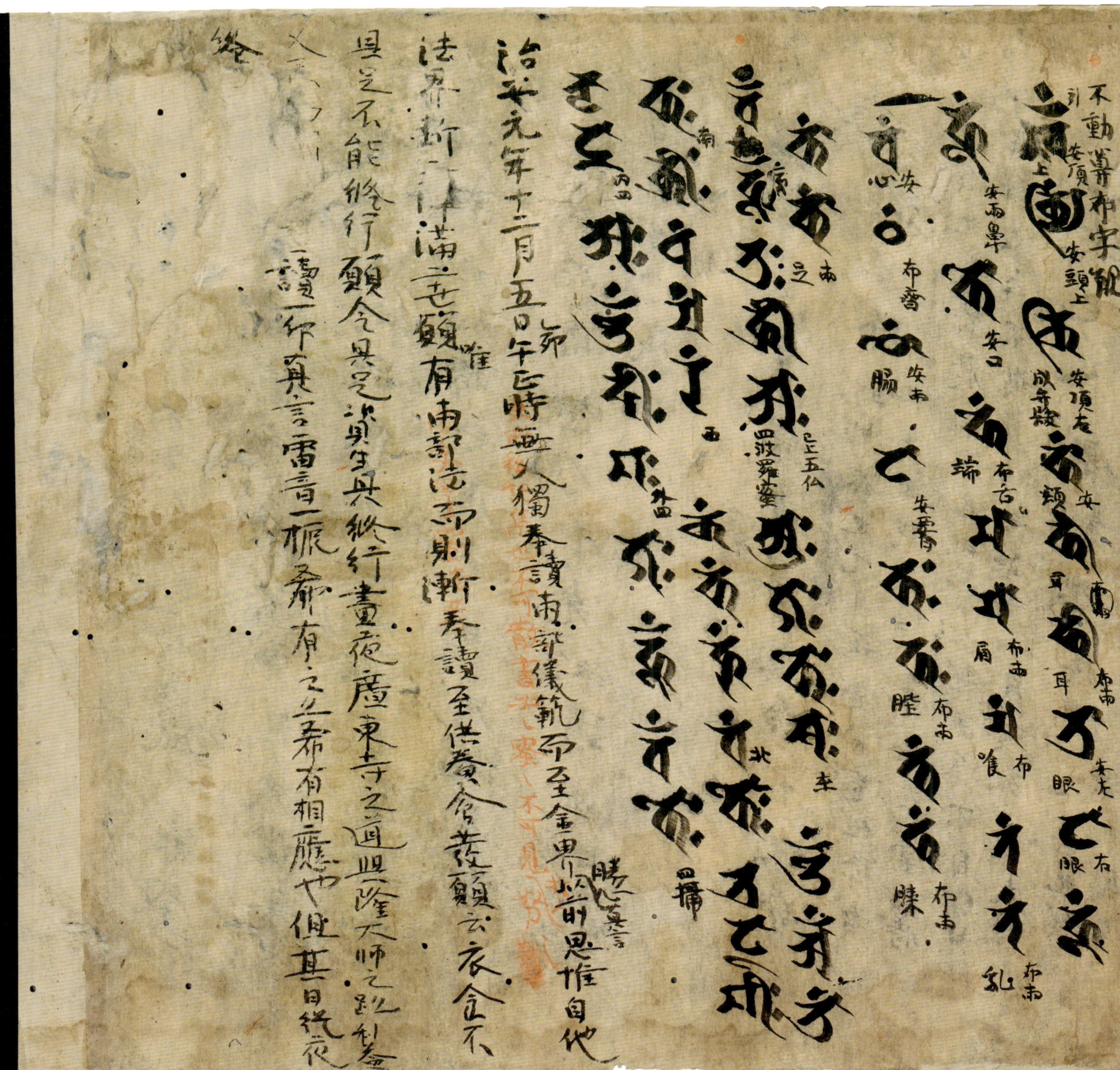

外函（縮小）

表紙

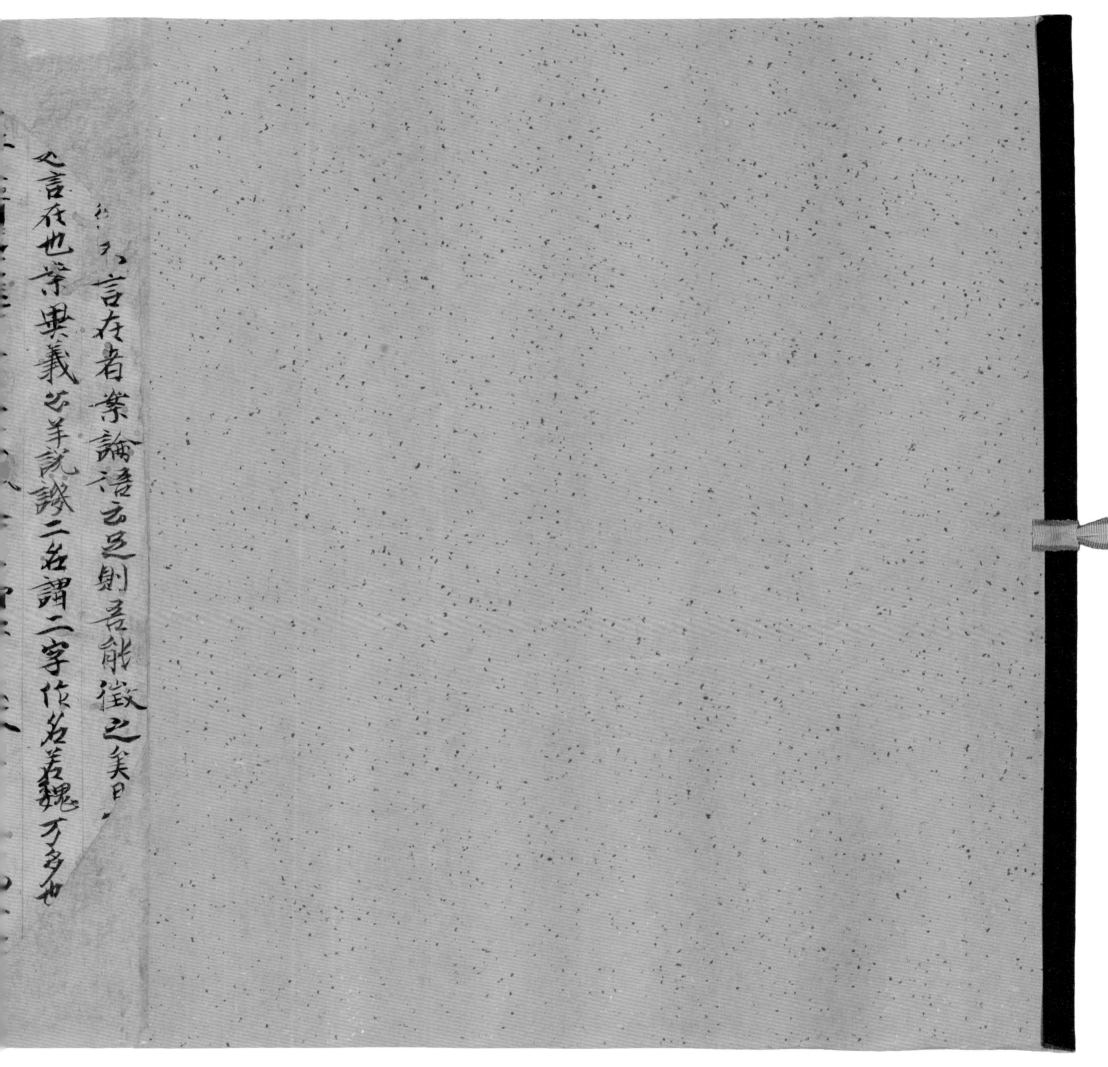
言在者案論語云足則吾能徴之矣日
之言在也案異義公羊説譏二名謂二字作名若魏曼多也

餘二名者若楚〻公子棄疾及其君即位之後改名居是為二名之
又案云文武時賢者有散宜生蘇忿生則公羊之説非信左氏義也
逮事父母則諱王父母　正義曰逮及也王父母謂祖父母也若及事
父母則諱祖也何以然孝子聞名心（瞿祖是父之所諱則子不敢言既已經不言父母亡而已言便心瞿懼也）故諱之也不逮事父母則不諱王父
母者若幼少孤不及識父母便得言之故不諱祖父母也庾氏云謂父王母
之恩正應由父所以連言母者婦事舅姑同事父母且能夫為體諱敬不
殊故幼無父不識母者則可以諱王父母也　注此謂庶人也士諱祖曾
正義曰云適士以上廟事祖者祭法云適士二廟祖考之与祢各為一廟其中
士亦廟事祖但祖祢共廟則士甚祀一廟是也熊氏云此適士者
謂上士下士對庶人府史亦稱適也大夫之所有公諱　正義曰今
謂人於大夫之所正得避公家之諱不得避大夫之諱所以然者尊君諱
也　若無為大夫諱則於諱不尊也不言士〻所有者卑人不為之諱故也
云所有公諱下云為及大夫諱耳以無已之私諱也藻云大夫之所有公諱無
私諱但與父上兼君所無私諱〻下惟云大夫之所有公諱以略之不云無私
諱耳詩書不諱臨文不諱者何胤云詩書謂教學時也臨文謂礼執
行事時也等論語云詩書執礼是教學惟詩書有誦礼則不誦惟

紛〻言在者案論語云足則吾能徵之矣曰
之言在也案異義公羊說譏二名謂二字作名若魏曼多也
譏二名者若楚之公子棄疾弑其君即位之後改名居是為二名之
案云文武時賢臣有散宜生蘇忿生則公羊之說非信左氏義也
逮事父母則諱王父母　正義曰逮及也王父母謂祖父母也若及事
父母則諱祖也何以然者孝子聞名心瞿（瞿祖是父之所諱則子不敢言既已絶不言父母王而已言便心瞿惕也）故諱之也不逮事父母則不諱王父
者若幼少孫不及識父母便得言之故不諱祖父母也庾云謂父王母
之恩正應由父所以連言母者婦事舅姑同事父母且能夫為體諱敬不
昧以幼無父所識母者則可以諱王父母也　注此謂庶人也士諱祖曾
正義曰云適士以上廟事祖者祭法云適士二廟祖之與禰各為一廟其卑
士亦廟事祖但祖禰共廟則士要祀一廟是也熊氏云此適士者
色中士下士對庶人府史亦稱適也大夫之所有公諱　正義曰今
謂人於大夫之所正得避公家之諱不得避大夫之諱所以然者尊君諱
也　若無為大夫諱則為諱不尊也不言士之所者卑人不為之諱故也
云有公諱下不為及大夫諱耳只無己之私諱玉藻云大夫之所有公諱無
私諱但此文上承君所無私諱之下惟云大夫之所有公諱故略之不云無私

諱耳詩書不諱臨文不諱者倍備云詩書謂教學時也臨文謂礼執文行事時也等論語云詩書執礼是教學謂詩書有誦礼則不誦唯臨文行事若有所諱則並失事正故不諱也廟中不諱者謂有事於高祖廟祝嘏之辭中不爲曾祖以下諱也尊無二也下於則諱上也若有事於文則諱已上也夫人之諱雖質君之前臣不諱者夫人君之妻也質對也夫人本家所諱也臣於夫人之家恩遠故也 婦諱不出門者婦宮家之諱惟於婦宮中不言耳若於宮外則不爲諱也故臣對君前不諱也婦親遠於宮中言避之耳陳鏗問雜記母之諱宮中諱妻之諱不舉於其側此則與母諱同何也田瓊答曰雜記方以尊卑故許言之此礼據不出門大言之耳母諱遠妻諱近則然宜言也但所避者狭耳 大功小功不諱正義曰古者為舊親則為諱也陳鏗問曰亦謂為婦字自己親乎田瓊答曰雜記云卒哭而諱王父母兄弟世父叔父母姑姉妹子与父同諱是父所諱齋襄闈也出則大功小功不諱矣熊氏大功小功云諱小功不諱若小功与父同諱則亦諱之知者雜記云王父母兄弟世叔父母姑姉妹子与父同諱是父之世叔父母姑姉妹已下皆為之小功文為諱故臣從文為之諱也 入境而問禁○此下承為敬主人也境謂國中政教所忌也凡至境當先訪主国何所禁也入國而問俗者國城中也鳥如今國門内也俗謂常所行者入主人國城内先問風俗常所行也 入門而問諱者入主人門也諱主

者至人之域亦要先治廉倦常所行也入此所謂者主人所也謂主
人祖其名其實先知之欲为進之也所謂而以门为限者主之出至大门外迎
客之入門方應交接故於門为限也必为敬主人也　外事以剛日至践　二
之　匠義曰此一節明卜筮及用日之法各隨文解之外事以剛日者外
事郊外之事也剛奇日也有五奇五偶甲丙戊庚五之奇為對又外是對義以國對
日也　注順其出為陽也甲午祠兵　匠義曰以出在郊外故順其剛日
礼必羊莊公八年正月師次于郎以待陳人蔡人甲午祠兵傳云祠兵者向
出日祠兵何休云礼不徒使故將出祠兵非迹郊也鄭所引直取甲午詳用
剛日事耳其祠之文鄭所不用故異義公羊說以为甲午祠兵左氏作甲午治
兵鄭駁之云公羊字之誤以治為祠因為作說引周礼四時田猶治兵振
之法是從左氏之說不用公羊以其事故柔日　匠義曰事郊内之事乙丁
己辛癸五偶為柔也　然則郊天是國外之事應用剛而郊特牲云郊用
辛非剛也又社稷是郊内應用柔而郊特牲云祭社日用甲非柔也所以然
者別通不致外内之義故異言外剛内柔自謂郊社之外他祀則隨兩
外而用之也　崔靈恩云外事指用兵之事内事指宗廟之祭者以郊用辛社用甲非
順其居外内為剛柔故也祭社用甲所以召誥用戊者召誥是告祭非常
礼也郊之用辛唯謂夏正郊天及雩大享明堂周立白用至日立時迎氣

第二紙

各用其初爲之日不必用辛也卜筮者古先聖王所以立卜筮者下云使
民所以信時日敬鬼神決嫌疑定猶豫卜筮必用龜蓍案劉向云蓍
之言久龜千歲而靈蓍百年而神以其長久故能辯吉凶也龜蓍能傳神
之命以告人故金縢云大王王季文王云尒之許我乃卜三龜一習吉是能
傳神命也又鄭注天府云卜筮實問於神龜筮能出其卦兆是也
案白虎通稱礼三正記曰天子龜一尺三寸諸侯尺大夫八寸士六寸龜陰故
偶也其筮案少牢大夫之筮鄭云大夫蓍長五尺推此而言天子九尺諸
侯七尺士三尺也所以謂之卜筮者師說云卜覆也以覆審吉凶筮決也決
定其惑劉氏以爲卜赴也赴來者之心筮問也問筮者之事赴問互言也
案繫辭云定天下之吉凶定天下之亹亹莫善于蓍龜又云蓍之德圓而
神卦之德方以知神以知來智以藏往又說卦昔者聖人幽賛于神明而生
蓍據此諸文則蓍龜知靈相似無長短也所以僖四年左傳云筮短
龜長不如從長者時公卜取驪姬不吉更筮筮之吉故史從數以答公之意
注云筮短龜長其實無優劣也若杜預節云因筮短龜長之
言以爲實有長短故杜預注傳云物生而有象象而後滋滋而後有
數龜象筮數故象長數短也象所以長者以物初生則有象去初既
近且包羅万形故爲長也數短者數是終末去初既遠推尋事數始能

求象故為短也。又鄭康成注占人云：占人亦占筮，筮短龜長，主於長者，是鄭
又注杜公以為龜長筮短也。凡卜筮天子諸侯若大事則卜筮並用，必先筮
後卜，故筮人云：國之大事先筮後卜。鄭注云：先筮後卜卑事之漸，大事者則大
卜云：國大貞卜立君，卜大封，大祭祀，凡根，凡喪事（又龜）命：一日征，二日象，三日与，四日謀，
五日果，六日至，七日雨，八日瘳。此等皆為大事也。故鄭注占人云：將卜八事先以筮筮之
是也。若次事則唯用卜，不筮也。故表記云：天子無筮。鄭注云：謂征伐出師若巡狩。天
子至尊，大事皆用卜，是天子巡行唯卜無筮是也。小事則無卜，唯筮。故筮人
掌九筮之名：一日筮更，謂遷都邑也。二日筮咸，猶僉也，謂衆心勸不也。三日筮
式，謂制作法式也。四日筮目，謂其要自所當。五日筮易，謂有所改也。六日筮比，謂
与民和比。七日筮祠，謂筮牲与日也。八日筮参，謂筮御与右也。九日筮環，謂筮
可致師也。故鄭注古人云：求卜而先筮者，則九筮是也。天子既不，諸侯亦
然。故春秋傳云：五年晉卜納襄王，得黃帝戰於坂泉之兆，又筮之得大有之睽（襄）。
九年晉卜代宋亦上所謂，筮是大事卜筮並用也。但春秋乱世，必先卜後筮，不
能如礼。有礼既先筮後卜，尚書云龜從者，以其卑言之，故先龜也。鄭注周礼云：
筮凶則止，不亦卜。洪範有筮逆龜從者，崔靈恩云：凡卜筮天子皆用三代

第三紙

著龜若三筮並求一凶則止而止不卜節所云者是也若一吉二凶雖筮逆猶得
卜也則洪範所云者是也其大夫則大事筮大事若葬地及葬日為之大
則卜故雜記云大夫卜宅与葬日是也其小事用筮則少牢禮筮日是也
亦大事卜事筮故士喪禮卜葬日以喪為重須定吉凶故用卜也其尋常吉
祭及葬為輕故曰筮也葬既得卜日吉得卜凶事之吉可知故唯筮葬地不
復用卜也　旬之外曰遠某日　正義曰案少牢大夫禮今月下旬卜筮来
月上旬是旬之外日也主人告筮者云故用遠某日故少牢云日用丁己
筮旬後一日吉乃官戒既云旬有一日是旬外一日是謂大夫禮之旬之内近某
日者案特牲士禮云不諏日注云士賤職褻時至事暇可以祭則筮其日
不如大夫先与有司於廟門外諏謀丁己之日也是士於旬初即筮旬内之
日是旬之内日也主人告筮者云用近某日是也此據大夫士也故有旬内旬外之日
若天子諸侯其有雜祭或用旬外其辭亦与此同也案少牢特牲其辭云
来日丁亥不云遠某日者近某日者又不具也　喪事先遠日　正義曰喪
事謂葬与二祥是奪哀之義非孝子所欲但制不獲已故卜先從遠日
而起示不宜急徵中孝子也故宣八年冬傳云礼卜葬先遠日避不懷注懷思
也避不思親此尊卑俱然雖士亦應今月下旬先卜来月下旬不吉卜中旬

也避〻不忌親此學(無)與俱然雖士亦僭之今月下旬先卜來月下旬不吉卜中旬

不吉卜上旬吉事先近日者吉謂祭祀冠娶之屬(儀)故少牢云若不吉及遠日

又筮如初是先日也　日為日至有常　正義曰命龜筮辭也卜擇吉日

以日為日假爾泰龜有常假爾泰筮有常者假因也亦假尓於著龜也

泰大中之大也欲審長此龜筮故謂為大龜大筮也有常者言汝大

龜筮使(使)制吉凶分明有常也故云假爾大龜大筮有常作(卜)筮大夫已上命龜

有三命筮有二其一為事命龜是從卜之官及受命筮史是也二也三是既得

所卜之命是述所從卜所陳之辭名曰述命也卜人即席西面命龜云假宗(朱)

泰龜有常三也命筮二者一為事命筮則主人以所為之事命筮史是也二則筮

史得主人之命遂述之云乃為述命是也主則命龜有一(二命筮有)知士命筮有一者士喪禮

云命筮人某宅筮其為其父筮宅之許諾不述命注不述命士礼略是士

命筮一也知士命龜二者士喪禮從卜命曰哀子某卜葬其父某甫考降無有近悔許

諾不述命注云即席西面命(命)龜既云不述命是士命龜二也知大夫命筮二無以上命筮(筮)不

述命則知大夫已上述命也故少牢云人曰孝孫某來日丁亥用薦歲事于皇

祖伯某又云史遂述曰假爾泰筮有常孝孫某來日丁亥云云是大夫

命筮二但筮即席所命於述命之上也知大夫命龜三者以士喪禮從卜為事

命龜文有異席而命面龜云不述命明大夫述命故知大夫命龜二也

大事卜小事筮 正義曰此大事者謂小事之中爲大事非周禮大貞大封及八事之等故徒用卜而筮其

已前云大事卜者總爲大貞大封及八事雖卜筮並用總名曰卜故云大

事卜但大事卜則先筮後卜小事筮若小事筮得休有筮而無卜也卜筮不過

三 正義曰王肅云礼以三爲成也上旬中旬下旬三卜筮不吉則不擧也鄭意言

不過三者謂卜不吉而凶之而又卜以至於三之若不吉則止若筮亦然也故魯

有四卜之譏 崔恩云謂不過三用之也若大事龜筮並用者先用三王

筮次用三王之龜始是用也三如是乃爲之意若初始之時三筮三龜皆用則是違多徒小或遂少初始此者

之龜並去有違從故至三也此雖有用一切至於三也崇雋翁久用三而

王龜並也 注魯曰四卜郊春秋譏 正義曰卜郊之事或三或四或五襄

七年夏四月三卜郊不從乃免牲僖公卅一年夏四月四卜郊不

從成十年夏四月五卜郊不從三傳之說參差不同左氏之說魯郊常礼

不須卜郊與不但卜牲與日雖周之三月爲之不可在四月四月雖三卜之爲非

礼故僖卅一年左傳云祀不卜常祀是常祀不卜也襄七年傳云啓蟄而郊

之而後耕今既耕而後卜郊宜其不從用周之三月可至四月也若公羊之

義所云卜者必於卜日故僖卅一年公羊傳云三卜礼也四卜非礼文成十七年公羊

傳云郊用正月上辛何休云魯郊特卜三正三卜之朔用夏正之宋十五年三

卜之運何休云運轉也以卜春正不吉故復轉卜夏三月五月得二吉故五

月郊如[是]性之竟魯郊牲卜三正假令春正月卜吉又卜殷正不吉則用夏正郊　五

天若與三正之月有凶不從則[得]卜夏三月但滿三吉則得爲郊與之年爰何休云

意也穀梁之説春秋卜者必卜四也襄公七年左傳穀梁傳云郊卜正

月至三月郊之時也我以十二月下辛卜正月上辛不從則以正月下辛卜二月上辛

而不從則以二月下辛卜三月上辛不從則不郊如是穀梁三正之卜吉則爲

四月五月則不可与公羊説同与何休意異休以四月五月卜滿三吉則可郊

也若鄭玄之意禮不當卜[常祀与]左氏同故箴膏肓云當卜祀日月爾不當卜可不

可祀与不鄭又以魯之郊天惟用周正月建子之月牲數有災不吉改

卜後月故或用周之二月三月故有啓蟄而四月則不可故駁異義云利明

堂位孟春正月乘大路祀帝於郊又云魯用孟春建子之月郊則与天子

不同月明矣魯數失禮牲數有災不吉則改卜後月如鄭之言則与公

羊梁帳卜三正不同也與云魯四月卜郊春秋譏之用公羊穀梁三卜正四非

正也是四卜爲譏三卜得正与左氏言遠左氏三卜亦非故也卜筮不相襲

正義曰襲因也若卜不吉則正不得因更筮也若爲筮不吉則正不得因更

卜是不相因襲也若相因不正是瀆龜筮則神不吉也王言三筮乃三卜

不相襲者初者尊其心也　注卜不吉至筮之是也　正義曰説必同本

吉故更筮之是因襲也表記云筮不襲鄭玄襲因也大事則卜小事

筮焉与此注不同者明龜筮有二義故兩任各舉其一則大事各有所施
不得因龜卜小事因筮大事也二則不吉不可復卜也不吉不可復筮　龜爲卜
正義曰解卜筮所用也龜處筮後是龜覆於筮策爲筮者筮在龜前也
決也謂蓍爲策者策與以之謀策爲義言用此物以謀於前事也筮者
先聖王之所以使民信時日者解所以須卜筮義也先聖伏羲以來聖人
爲天子者不直云先王又加聖字夫王未必聖者古來非一聖不必王孔
子是也明造制卜筮必須聖位也時者四時及一月十二月也日者甲乙之屬聖
王制此卜筮使民探情而信時日之吉凶也敬鬼神者探吉而祭是敬鬼
神也畏法令也者法典則也令教訓也君行法令善依卜筮而爲之則民
敬而畏之也所以使民決嫌疑者事或異故更云所以有嫌疑而卜筮決斷之也
定猶豫也者說文云猶獸名玃屬豫是獸名象屬此二獸必進退多疑人
之疑多或者似之故謂之猶豫也故曰疑而筮之則弗非者引舊語以結卜筮
所以定是非也若有疑而筮之則无非嗟之也不二〻卜者從可知也日而行事
則必踐之者踐善也言卜筮得吉而行事必善也王云得可行之日必履而行
之踐履也弗非无非之者也　君車將駕終於篇末　正義曰此以下物明君車
顧式僕御謹敬之事各隨文解之君車將駕者　謂爲君之駕
祀也君車君所乘之車也將駕謂始駕馬時也　則僕執策立於馬前者

祀也君車君所乘之車也將駕謂始駕馬時也　則僕執策立於馬前者

僕即為車者也古之好人為之故孔子曰吾執御矣子適衛冉有僕是也

周禮諸侯僕必用大夫士也策馬杖也別有孝馬駕車而此僕只知車

事故並駕馬也又恐馬奔走故自執馬杖倚立當馬前也鄭云執策是當馬

前是恐馬行也已駕則僕展輪者之駕之竟具視也軨舊解

文車蘭也駕竟僕從左車輪左右四面具着視之上至於蘭也靁云軨車輊

頭軛也皇氏謂軨是輊頭靁是也一則車行由輊二則蘭之苓字不作

車邊為之鄭玄展軨具視謂遍視之也郊馬者　効白也僕並視駕竟

而入白君道駕畢故玄曰已駕也奮衣由右上者奮振也由從也僕後右

僕入白駕竟先出就車於車後自振衣去塵而從右邊外上也

邊外上也　必從右者君位在左故避君空位耳貳綏者貳副也綏登車

繩也綏有二是正綏擬君之執一者副綏擬僕右之升故僕振衣畢更副

綏而升也詩云升祈綏車義云綏所以登車有奮　既乘者謂僕先識

乘時君先未出未敢依常而立所以既而乘之以為敬也然此是舊識空

左不嫌也執策分轡者策馬杖也轡御馬索也車有一轅而四馬乘之中央

兩夾轅者名服馬兩邊名騑馬亦曰驂馬故詩云兩服上襄兩驂鴈

行言為中服相次序是也然每一馬有二轡四馬則八轡以驂馬內轡繫於軾

前其驂馬外轡七并夾轅兩伏馬各二轡六轡在手分置兩手ゝ各
三轡以詩云六轡沃若是也今言執策分轡謂一手執杖又云轡以竪
置空手中以三置杖手故云執策分轡也驅之者分轡既竟而自試驅行之
也五步而立者　僕時既而驅令馬行ゝ得五步正而僕倚立待君出
也何胤云既以見教則立調試ゝゝ也君出就車者　謂君始出上車時也
則僕并轡授綏者　君初欲上而僕并六轡及策置一手中所餘一空
手取正綏以授与君命登車也當右手并轡左手授綏轉身向後扣君
上也左右攘辟者　詩侍駕陪位諸臣也攘却也避遠也君已上車
ゝ欲進行故左右者悉遷郤以避車得不妨車行也　車驅而騶者
左右已避故驅車而進則左右從者疾趍從車行　至于大門者大門君
家外門也謂車行至外門時也　君撫僕之手者撫桊止也僕手執
轡車行由人君欲令駐車故君撫止僕手也　而顧命車右就車者顧
迴頭也鄭箋詩迴首曰顧也車右勇力之士也就車謂君命勇士令
上車也車行則中有三人君在左僕在中央央勇士在右也詔在門内未
須勇士ゝ故從趍在車後今車行至大門方恐履陷阻恐有
非常故迴顧命車右上車也　門閭溝溝渠必步者是車右士之礼也門閭
諸凡所從門閭過處也溝廣深四尺者渠之溝也步謂下車勇士雖

非常故迴顧命車右上車也　門閭溝渠必步者是車右之礼也門閭七
諸凡所從門閭遇處也溝廣深四尺者渠之溝也步者下車勇士雖
即上車若至門閭溝渠而勇士必下車也所以然者一則君子不淫于室
遇門閭必式則臣當下也二則溝渠深危嶮恐有傾覆故勇士久須下
扶持之也　而僕不下者　車行由僕之下則車无能行不下凡僕人之礼
必授人綏　正義曰凡僕謂為一切僕非但為君僕時也車上既為僕
手所以為之法必授綏与所升之也又若僕者降等者謂士為大夫僕
大夫為卿也若僕為者早降則主人不須讓故僕者降等不撫僕之手者（受取綏也然則否者不然謂僕者）
僕者雖卑而受其綏不嫌猶當撫止僕手若不能自授然乃受也不
然則自下拘之者不然不降等者也凡敵受而僕者必授則主人當却
手從僕手下自拘取之　注云撫止之讓也至則不受　正義曰由從也
此時主人所設止而僕在車上轉身向主人以授綏主人不就僕手外取而以手（從僕手外下進拘取僕手裏上邊示不[illegible]僕授也云僕与己同不嚳則）
不受客車不入大門　正義曰案公食大夫記云賓之乘車大門外
西方賓車不入門廣敬与此同覲礼記云偏駕不入王門謂同姓金路異
姓象路之屬之屬於賓館不得入王門又云墨車龍旂以朝墨車得入門
大但不得入大門但不屬門　婦人不立乘　正義曰立倚也貴翁不倚乘也

異男子也男子備亦婦人坐亦所以異也　犬馬不上於堂　正義曰
賓主相見礼也犬馬乃將為礼而賤不亭上人堂也犬則執緤馬則執靮
以呈之承非摯弊故也故君子式黄髮　正義曰此以下明雜敬礼也君子
謂人君也黄髮大老人也人初老則髮白大老則髮又黄也弥宜敬故人君見
而式敬也君尚式則大夫士可知也若与同行君式則臣下若其行則式而
已詩云黄髮見齒必老者也　注云髮句言敬此知此是眾篇雜辭
正義曰謂他篇上舊礼雜辭此辭連上生下所以首故今任記者及此
他篇雜辭而未為此得發首也故　下卿位　正義曰卿位路門之
内門東北面位故論語鄉黨云入門又云過位色勃如注云過位謂入
門非面之有位故此礼大射鄉大夫門右非面近降階從面向東卿
是也今謂尋常出入則過卿位而上車入則未到卿位而下車若迎賓
客則楽而注云登車大寢之前及降于阼階之前或可下卿是諸侯礼
楽師掾天子礼入國不馳者馳車馳國中人多若馳車則害人故不馳憂
也君馳善好藺人也猶善好也藺雷刻也若車馳則行刻人也御云
藺躝也入里必式者廿五家為里首首門上不可譲故入必式而礼

闌蹕也入里必式者古者廿五家為里、里各有門門有壼不可從故入必式而礼之為敬也里必式則閭亦式故知閭必式也不誣十室也論語云十室之邑必有忠信如丘者焉是不誣十室也　君命召者　謂有命呼召臣也雖賤人者君之使者雖假令是賤人為之大夫士必當崇之者諸[illegible]也使者雖賤而君命可尊故大夫士之貴者亦自出迎之

注衛當為䜣字之亂之耳　正義曰鄭云見春秋成年二季孫行父臧孫許會晉郤克衛孫良夫曹公子手及齊師戰于鞌公羊傳云前此者晉郤克与臧孫許同時而聘齊蕭同姪子者齊君之母也窺客則客或跛或眇於是使跛者御跛者使眇者御眇者二大夫約相与率師為[illegible][illegible]齊言被跛以辱為訶此御故宜是訶而世人亂之讀云御耳介者不拜者介甲鎧也著鎧者不為式敬故宜无所拜也為其拜而蓌拜也者解所以不拜義也蓌挫也戎容暨暨著甲而屈拜挫損其戎威之容也云蓌詐也言著鎧而拜形儀不似於詐也慮矯蓌則失容節蓌猶詐也詳車墉左　正義曰此以下又明僕御礼也祥猶吉也車吉謂平生時所乘者也死葬時因為魂車鬼神尚吉故葬魂乘吉車

田壙、空也。車上貴左，故僕者在右，空左以擬神也。注空神位也。祥車葬

之乗車也　正義曰：知葬之乗車者，以其大小二祥生人所乗車無空左

之法，言空雖擬葬時魂車，故知也。　乗君之乗車　正義曰：君乗車謂君

所乗路也。王者五路，王自乗一，所餘四路，皆從行。臣若乗之，不敢空左，故與路

云凡會同軍旅於四方以路從，鄭云王出於事无常，王乗一路，典路

以其餘路從也，以革國也。又戎右職云會同充革車，鄭云會同王雖乗

金路，猶以革路行，充之者，謂居左也。與禮曰乗君之車不敢曠左，

左之則似祥車，遂於凶時，故乗者自居左，必式，雖處左而不敢自安，故

恒馮式也。云乗車則君在左，若兵戎革路，則君在中央，御者在左，居

故成二年，朝韓厥代御者居中，杜云：自非元帥，御者皆在中，將在左。

御當則元帥，故君宜在中也。詩云左旋右抽，鄭云左左人，謂御者也，右

車右也，中謂將也。兵車之法，將居鼓下，御者在左，君在左，空其位也。

太僕云王出入則左馭而前驅，注云前驅如今導引也，而居左自馭不参

乗，避王也。乃有車右焉。　僕御婦人則進左手　正義曰：僕在中央，

婦人在左，僕御之時，進左手持轡，所以乗者，取微相背也。後右手持。

若進右手則近相之向，向則生嫌。御以後右，遠嫌也。　御國君則進右手

者，後左手，礼以相向為敬，以進右手，非男女之所嫌也，而前既御，不得恒

者僕左手礼以衽向為敬以進右手非男女之所嫌也而府既御不得恒
式以但小府俛為敬也而詠兩御國君不乘奇車 正義曰君出入宜
正不可乘奇邪不正之車也慮云不如禮之車也注云出入必正奇車猶衣
衣之車 正義曰隱義云獵車之形今之騶輿是也衣車如鱉而長
也漢桓帝時禁臣下乘之也 車上不廣欬 正義曰欬大也欬聲
欬也車已高若在上而大聲欬似自驕矜又驚衆也不妄指者妄
虛也在車上高若無事忽虛以手指麾四方亦為惑衆也立視五巂
者車上依礼巂規也車輪一周為一規亦車之輪高六寸徑一圍三〻六十
八淂丈八六寸為尺八寸惣一規有丈九八寸五規為九丈九六尺為步物為
十六步半在車上所視則前十六步半地也 注巂猶規 正義曰
知巂為規者以巂規聲相近故為規〻是圓回之讀規言或為
巂也今礼記有作巂字式視馬尾 車其尾近在車蘭前故車上
式下頭時不得遠而令瞻視馬尾顧不過轂者 車轂也若轉頭過
顧不得過〻轂〻則掩後人私也故論語云車中不内顧是也國中以策

慧鄭勿駆者前云入國不馳此爲以爲遅行法也策馬杖慧帚也鄭勿
搔摩也入國不馳故不用鞭策但取竹帶葉者爲杖形如掃帚故云策
慧云鄭勿者以策微馬體不欲令疾但搔摩之時形状鄭勿然塵不
出軌者車轍也車行遅故塵埃不起不得揚飛出轍外也 國君下
齊牛式宗廟 正義曰齊廟在齋之内有牲事則前馬注云王見是
牲則從而式之見曲礼曰國君下宗廟式齊牛鄭注周官与此文異者
熊氏云此文誤當以周礼注爲正宜云下宗廟式齊牛大夫士下公門式路
馬者 公門其君之門也路馬君之馬也敬君至門布下車君物故見君
馬而式之也馬比門爲輕故前下式之異 乘路馬必朝服者 謂臣路
馬君之車馬也臣雖得乘之猶不可慢故必朝服而自御乘之也 載鞭
策者 又不敢執杖之馬故但載杖以行也不敢授綏者若君在則僕
人授綏今習儀者身既居左自馭而乘雖有車右而不敢授綏与巳
也左必式者既不空左故亦左而敬也此言不敢授綏与前不敢曠左
文互也步路馬必中道者此謂單牽君馬行時也步猶行也若行
君之馬必中道正路爲敬以是國路馬皆有誅 正義曰齒食馬

文互也失路馬必道者此謂單牽君馬行時也失猶行也若行

君之馬必中道正路為敬以之邊路馬並有誅　正義曰若食馬

草也誅罰也無草擬為供馬所食若無踐踏之者則被責罰也齒

路馬有誅者齒年也若論量君馬歲數亦為不敬亦被責罰也廣

敬也札下　此礼下　正義曰餘云義与前篇同簡争分為上下

凡奉者當心至則襲　正義曰此一篇論臣所奉持及俛仰褐襲之

節依文解之物有宜奉持之者有宜提挈之者各因其宜奉之者謂

仰手謂當心奉特其物提之者謂屈臂當前而提其物帶有二處朝

服之屬其帶則高心深衣之類其帶則下脇以何知然玉藻說大帶云

參分帶下申居二焉申長三尺而云居帶之下參分之三則帶之下去地四

尺五寸矣人長八尺為限若帶下四尺五寸則帶上所餘正三尺五寸故知朝

服等帶則高也而深衣云帶上無厭脇下无厭髀當深衣此明平常

提奉故益可知　執天子之器則上衡至提之　正義曰向明常法此以

下明臣各為其君上提奉之礼也執持也上猶高也衡平也平謂人之拱手

正与心平故謂心為衡天子至尊器不敢宜下故臣為擎奉之高於心弥敬也

此衡謂与心平也凡言衡有二處（若大夫衡視則謂面若彼以天子之執器則上衡言〔?〕心也是有二處）不同鄭云此衡謂与心平明他云衡者不与

心平也　國君　國君則平衡者國君諸侯也降於天子故其臣為奉持器与

心齊平也　大夫　大夫綏之者綏下也又降於諸侯故其臣為奉器下於心也士則

提之者上云大夫綏之以下於心今為士提之又在綏之下則上提者當帶

凡執主器執輕如不克　正義曰向明特奉高下之異此辨特奉之容

儀也主亦君也礼大夫稱主今此所言主通天子諸侯下含大夫為君者

故并曰主士則不從也克勝也尊者之器不論輕重其臣執之唯宜重愼

器雖輕小而執之恒如實重如不勝之容也故論語曰孔子云執圭鞠

躬如也如不勝也聘礼曰上介執玉如重之也　執主器操幣圭璧尚左

右手至曳踵　正義曰明提奉用手足之儀也圭璧瑞玉也尚上也謂執

特君器及幣玉也擎奉此物則右手左下手在上左尊故云上左手行不

舉足車輪曳踵者　曳拕也踵後脚也若執器行時則不得舉足但

起前後拕使踵如車輪曳地而行云車輪曳踵也立則磬折垂佩主

委　正義曰向明奉持及手足之儀此明授受時礼也立倚也佩謂玉佩

也帶佩兩邊臣則身宜僂折如磬之背故云磬折也身既僂折則

也帶佩兩邊臣則身宜僂折如磬之背故云磬折也身既僂折則
所著之佩從兩邊出縣垂於前也　主佩倚者　主謂君也倚猶
附也君直立則佩直附倚身而不縣垂出前也　則臣佩垂者
君若直立佩倚於身則臣宜曲之折之則佩不得倚身故縣系於前也　主
主佩垂則臣佩委者君若重慎折身而佩垂則臣彌曲故磬佩委於地
也然臣不敢初大曲必待君僂而後方曲者亦授立不跪之義也
執玉其有藉者則裼無藉者則襲　正義曰凡執玉之時必有其藻
以承於玉若盡飾見美之時必垂藻之兩端令垂向於下謂之有藉
當時所執之人則去體上外服以見在內裼衣故云有藉者則裼其
至質充美之時承藻不使下垂屈而在手謂之無藉當時所
執之人則掩其上服襲蓋裼衣謂之無藉者則襲此謂執玉之人或
朝聘行禮或有裼時有襲時　注云圭璋特而襲璧琮加束帛
而裼亦是也　正義曰鄭云此者以經云裼襲據人之裼襲明玉
亦有裼襲也圭璋特而襲者上公享王圭以馬享后璋以皮皮馬既不
上於堂其上唯特有圭璋既是寶物不可露見必以物覆襲之故云圭
璋特而襲也璧琮加束帛而裼者謂侯伯子男享天子璧以帛享后琮

以錦既有錦帛並玉其玉止唯用輕細之物是蒙覆以裼之故云璧琮加
東帛而裼也言亦是者非但人有裼襲其玉亦是裼襲之義此皇氏之
說然氏以爲上明賓介二人爲裼襲圭璋特以下又明賓主各自爲裼襲
諸朝聘特用圭璋特賓主俱襲行享特用璧琮加束帛賓主俱裼
亦是也氏執玉天子執冒故玉人職云執冒四寸以朝諸侯注云德能覆
冒天子四寸者方以尊接卑以小爲貴又孔安國注顧命云方四寸邪刻之
用冒諸侯之以爲瑞信子男執璧蓋亦以刻驗覆之但無以言又執鎮圭
以朝日及祭天地宗廟知者典瑞云王執鎮圭以朝日又鄭志云祭天地宗
廟亦執之是也朝日既執鎮圭則夕月亦當然也大宗伯云王執鎮圭注
云以四鎮之山爲瑑飾其長尺二寸故玉人云鎮圭尺有二尺天子守之是也其
五寸諸侯大宗伯又云公執桓圭注云雙植謂之桓宮室之象所以安其
長九寸故玉人云命圭九寸公守之是也宗伯又云侯執信伯執躬圭注云
蓋皆以人形爲瑑飾文有麁縟耳欲其慎行以保身皆長七寸故玉人云命
圭七寸謂之信圭侯守之命圭七寸謂之躬圭伯守之江南儒者解云直
者爲身其文縟細曲者爲身其文麁略義或然也宗伯又云子執穀

者矦身其文縟細也者矦身其文麁略義或然也宋伯又之子執聲
璧男執蒲璧注云穀所以養人蒲為席所以安人不執圭者未成國
也蓋瑑為穀稼又蒲草之文其徑亦五寸故大行人云子執穀璧男
執蒲璧五寸是也凡圭廣三寸厚寸半剡上左右各寸半知者是聘禮
記文其璧則內有孔外有玉其孔謂之好故尓雅釋器云肉倍好謂之
璧好倍肉謂之瑗肉好若一謂之環此諸侯所執圭璧公朝于王亦及自相朝
所通用也故典瑞前既陳玉則云朝覲宗遇會同于王諸侯相見亦如
之是也其公侯伯朝后公用璋知者以聘礼聘君用圭聘夫人以璋則知
於天子及后亦然也其子男既朝王璧享朝后宜用琮以璧琮相對故也鄭
注小行人云其上公及二王後享天子圭以馬享后璋以皮其侯伯子男
享天子璧以帛享后琮以錦其玉大小各如其命數知者玉人瑑琮
九寸諸侯以享天子是也其諸侯相朝所執之玉与朝天子同其厚玉公
璧以享君琮以享夫人知者約聘礼璧以享君琮以享夫人明朝
礼亦當然子男相享則降用琥以繡璜以黼故鄭注小行人云其於諸
侯亦用璧琮子男於諸侯享用琥璜公下其瑞是也其諸侯之臣聘天
子及聘諸侯其玉聘及享皆降其君瑞一寸故玉人云瑑圭璋八寸

璧琮八寸以覜聘是也　其藉玉之藻鄭注覲礼云繅以藉玉以韋衣木
廣袤各如其玉之大夫子則以五采畫之諸侯則三采子男二采其卿大
夫亦二采故典瑞云王五采五就公侯伯三采三就子男二采再就又云瑑
圭璋璧琮二采一就是也熊氏五采五就者采別二行為一就故五就
也三采三就者亦采別二行為一就故三就也二采再就者二亦采別二行
為一就故再就三采一就者以卿大夫卑二采采別唯一行二行共為一就知然
者雜記及聘礼記三采六寸則知天子諸侯采別為二未也此是周法
其殷已上則礼說含文嘉云天子三公諸侯皆以三帛以薦玉宋均注云
此殷礼三帛謂朱白倉象三正其五帝之礼薦玉用一色之帛故鄭注虞書
三帛高陽氏之後用赤繒高辛氏之後用黑繒其餘諸侯用白繒其
餘謂堯之諸侯既以采色畫韋衣於板上前後垂之又有五色組繩以
為繫其組上以玄為地下以絳為地長尺無事則以繫玉有事則垂為
飾故聘礼記云玄纁繫長尺絢組注云繫無事則以繫玉因多飾用五采
組上玄下絳為地是也其裼襲之義者繅藉有二種一者以韋衣木畫之也
者一絢垂之若斂之繅藉則常有今言有無者據垂之者也其垂繅之時
則須裼屈繅之時則須襲裘聘礼賓至主人廟門之外賈人東面坐
取櫝啓取櫝取圭垂繅不起而授上介注云不言裼者賤不裼也以賈

[illegible]

則須裼屈繅之時則須襲業䠶礼賓重主人昏門之外賈人東面坐

取櫝啓取櫝取圭垂繅不起而授上介注云不言裼者賤不裼也以賈

之賤故不裼明貴者垂繅當裼也又云上介不襲執玉屈繅授賓注

介不襲盛礼不在己明屈繅合襲也又云賓襲執圭云公襲授玉於時圭

公屈繅以賓与公執玉云公襲是屈繅之時皆襲則所謂無藉者襲

是也䠶礼又云賓出公授宰玉裼降立是授玉之後乃裼也又云賓裼奉

束帛加璧享是有藉者裼凡朝之与䠶賓与主君行礼皆屈繅而襲垂行享

之時則皆裼也皆者以䠶礼行䠶則襲受享則裼凡享時其玉皆無繅

故雀靈恩云初享圭璋特以有繅其餘享則束帛加璧既有束帛不復

繅也諸侯朝天子皆行三享之以礼大行人云公侯伯子男並云廟中將幣

三享覲礼云四享者鄭注四當三初享或用羆或用虎豹之皮其次三

牲魚腊龜金丹漆絲国所有分為三享皆以璧帛致之若其臣出䠶唯

行一享故䠶礼致夫人䠶享唯一享也裼之所以異於襲者凡衣近體

有袍襗之属其外有裘夏月則衣葛其上有裼衣其上有襲衣之上

有常著之服弁之属也掩而不開則謂之為襲若開此皮弁左袒出其裼

衣謂之為裼故鄭注䠶礼云裼者左袒也二王之上若無繅之時其人則裼

屈繅之時其人則襲則裼相因表記云裼襲不相因者彼謂各執其物

龜玉者則襲受享者則賜与此同也　國君不名卿老至同名　正義曰

此一節明稱謂之事各依文解之国君不名卿老者謂人雖有國家之貴

而猶宜有所敬不得呼其名者守御謂上卿貴故曰卿老也世婦者謂
兩媵也次於夫人而貴於諸妾也言諸侯雖貴不得呼此二人名也
大夫不名世臣姪娣者世臣父時老臣也姪是妻之兄弟之女娣是妻之妹
從妻而來爲妾者也　大夫不得呼世臣及貴妾名也然王
制云大夫不世爵此有世臣者子孫襲父爵者也　士不名家相長妾者家相謂
助知家事者長妾〻之有子者也士不得呼此二人之名也不名長妾者熊氏云
士有妻二妾言長妾者謂娣也故鄭注昏禮娣尊姪卑義或然也
君大夫之子不敢自稱余小子至同名　正義曰此以下明孝子在喪擯者稱
對賓客之辭也君大夫謂天子之大夫有地者大夫地者則亦稱曰君故云
君大夫天子〻未除喪自稱曰余小子今大夫有地雖同曰君而其子於喪
不敢同天子曰余小子之稱也　大夫不之子不敢自稱曰嗣子〻某者此諸侯
之大夫之子諸侯在喪稱嗣子某故其臣之子辟之不敢与世子同名也
世子諸侯之適子也諸侯之臣若爲其太子作名不得与君適子同也　白虎
云又在稱世子何繫於君　注云辟僭效也其生之生則亦不改也世或爲大
正義曰若名子与君世子同則嫌其名自以擬於君以僭效也世子貴不同則与庶
子同不嫌又若其子生在君之世子前已爲名而君來同之此是君來同己則須易
也　故穀梁昭七年傳何以君臣君同名子不棄人之名重其所由來也是臣先名
君後同之臣不改也又案雜記云与之諱同則稱字若先生与世子同名亦當然
也諸侯子不可同則天子之故宜不也異義公羊說臣子死君父猶名之孔子云

也謂伯子稱可同則天子之於宜不也異義云華謂臣子死君父猶名之孔子之
鯉死〻是已死而稱名左氏說大夫既沒稱字而不名　桓二年宋督弒其
君與夷及其大夫孔〻父〻先君死故稱其宗〻穀梁同左氏說　許慎謹案同
左氏穀梁說以爲論語稱鯉也死時實未死假設言死耳鄭康成亦同左氏穀
梁之義以論語云鯉也死有棺而無槨是實死未葬之前也以駮許慎云
設事言死凡人於恩猶不然況賢聖乎孟鯉也死未薾乎鯉死稱伯魚
者未冠礼廿以稱伯其文未必要乎也但乎直稱伯可集伯閒案春秋君
在稱世子君薨稱子某既葬稱子無言嗣子某者也又大夫之子當何稱遂
答曰此鍵子某可大夫之子稱未聞案稱嗣子某或殷礼也君使士射是之憂
正義曰射法每兩人相對以决勝負名之曰偶〻貴賤必對故卿与卿偶大
夫与大夫偶或奇餘不足則使士備偶故大射君与賓偶卿大夫自偶又有士御
於大夫〻又曰司射誓偶畢者与耦者爲偶不異侯是言士得預偶故此有使士
射也　不能則辭以疾者士若不能則不得云不但能當自稱有疾也何以然〻
大射以表德士既升朝必宜有德若云不能則是素餐之是辱〻君不知
人謀用已也　曰某有負薪之憂者此稱疾之辭也某士名也負檐也薪
薙白薪詩云如何匪斧不尅是大故用斧也憂勞也言已檐薙餘勞不
堪射也不直云病云負薪者若直云病則以傲慢故陳病之所由明非假
也然士祿代耕足復闕疾人子云能負薪而今上負薪者亦謙辭也兼言昔
未爲士時經擔樵今由勤致昔勞也白虎云天子疾云曰不豫言不復豫政

諸侯病曰負子、、民也言負民不復子之也桓十六年衛侯朔出奔齊公羊云
有疾曰負茲諸侯之疾所名不同者蓋子茲語之聲相近其字相乱未知孰
是音義隠云天子曰不豫諸侯曰不懌大夫曰犬馬士曰負薪　注云使士射不
謂以備偶憂或為疾、、正義曰知非士自射而云備偶者熊氏云若其自射不
須使又不應有辭以其言使言辭故備偶　侍於君子不顧望而對非礼
也　正義曰謂多人侍坐君子有問若指門人則一人直對若並問多人則侍者當
先顧望坐中或有勝己勝己者宜前而已不得率爾先對非礼也
注云礼謙尚也重先對者也　正義曰此證問多人而不顧望對者論語
云子路曾晳冉有公西華四人侍坐於孔子子合問四人各言其志而子
路率爾先對云願以千乘之國而孔子哂之云為國以礼其言不讓是哂故
君子行礼重之法　正義曰此一節論臣去本国行礼之事各隨文解之云
君子行礼者　謂去先祖之國居他國者也求猶務也俗者本國礼法所
行國雖他國猶宜重本行我國法　不務変之　從新也如祀宗之臣
入於齊會者之臣入於杞宗谷宜本行己本國礼法也是去不求変俗
謂大夫出他國不変己之本国之俗　案鄭志鄭答趙商以為衛
武公居殷墟故用殷礼見此之君子行礼不求変俗如鄭之意不変
所往之國以舊時風俗与此不同者熊氏云若人出居他國衣不忘本故
子孫若若人亡務在化民因其舊俗故王之在所用不負文之土則不求変之俗

十七

謂大夫出他國不變己之本國之俗　案鄭志鄭答趙商以為往
武公居殷墟故用殷礼即是此之君子行礼不求變俗如鄭之意不變
所往之國以舊時風俗与此不同者熊氏云若人出居他國衣不忘本故
（卒風俗若人君務在化民因其舊俗教往之雖新國不須改也然則不求變俗）
變俗其文雖一但人君人臣有義不同熊氏必知人君不易舊俗者王
制云脩其教不易其俗又左傳定四年封魯公國商奄之人封康叔於
殷墟皆啓以商政封唐叔於夏墟啓以夏政是公因其俗也案有列於
朝有詔於國三世之內衰服為舊君齊衰三月傳曰三諫不從待放之
絕者爵禄尚列於朝出入尚有詔於國如衰服所云大夫待放之時名為
有列有詔不至三世者熊氏云彼據為舊君著服故以未去國之時為
有列有詔此據去國之後但有列有詔仍行舊國之礼斷章取證故彼
此不同登祀之礼者　此陳不變之事若登祀不變即夏立尸殷坐尸周
旅酬六尸又先求陰陽犧牲騂黑之屬也　居衰之服者殷雖尊貴猶
服傍早周則以尊隆其注之位者殷不重適以班高處上周世貴正嗣孫
居其首公從其國之故者謂故俗也凡上諸事悉不改革行之如本國故
俗也無正嫌三條者餘冠昏之屬從可知也　謹脩其法而審行之者第
結前事令分明謹脩本法審慎以行之也其法謂其先祖之制度若夏
殷子孫在周者悉行其先世之礼是不變俗去三國世爵禄有列於朝
垂宗後　正義曰此以下明在他國与得變故俗者也將明得變故之先
明未得者也去國三世謂三諫不用感事變祓黜去入新國已經三世者也則

鄭云三世自祖至孫也爵祿有列於朝謂本君不絶其祖祀復爲立後
在朝者也　出入有詔於國者出入猶吉凶之事更相往來也詔告也去已
三世而本國之君猶爲立後既爲立後不絶則若有吉凶之事當與本國之
卿大夫往來出入與相赴告故云出入有詔於國注云若臧孫紇奔邾立臧爲
矣　正義曰此之證有列者也臧孫紇臧武仲也時爲季孫家臣廢長立少
故與孟氏相惡遂出奔制邾魯人以臧氏有功復立其異母弟臧爲以
守先祀是有列也故魯襄公廿三年云臧紇奔邾自邾使告臧賈且致本
蔡曰紇不佞失守宗祧敢告不弔紇之罪不及不祀子以大蔡納請
其可賈曰是家之禍非子之過賈聞命矣再拜受龜使爲以納請遂
自爲也紇非能害也乃立臧爲紇致防而奔齊是也　若兄弟宗族猶
存則反告於宗　正義曰此是出已三世而爵祿無列於朝吉凶不相詔
告而不仕新國者宗族兄弟謂之本國之親宗大後宗之後也已朝本已不
列不告若宗族猶在兄弟尚在已有吉凶當反還告宗適不忘本故
也前告國者亦告兄弟耳然既未仕新國猶用本禮也音義隱云雖無
列於朝有吉凶猶反告於宗子其都無親在故國不復來往也云國三
世至之法　正義曰此猶是無列無詔而反告宗後者今得仕新國者

俗也處正義曰舉三條者餘冠昏之屬從可知也　謹脩其法而審行之者并
結前事令分明謹脩本法審慎以行之也其法謂其先祖之制度若夏
殷子孫在周者悉行其先世之礼是不變俗去三國世爵禄有列於朝
王宗後　正義曰此以下明在他國与得變故俗者也将明得變故上先
明未得者也去國三世謂三諫不用或事避被黜去入新國已経三世者也則
鄭玄三世自祖至孫也爵禄有列於朝謂本君不絶其祖祀復為立後
在朝者也　出入有詔於國者出入猶吉凶之事更相往来也詔告也去已
三世而本國之君猶為立傳既為立後不絶則若有吉凶之事當与本國之
卿大夫往来出入与相赴告故云出入有詔於國注云若臧孫紇本邾立臧為
矣　正義曰引之證有列者也臧孫紇臧武仲也時為季孫家臣廢長立少
故与孟氏相惡遂出奔制邾魯人以臧氏有功後立其異母弟臧為以
守先祀是有列也故魯襄公廿三年云臧紇奔邾自邾使告臧賈且致本
蔡曰紇不佞失守宗祧敢告不弔紇之罪不及不及不祀子以大蔡納請
其可賈曰是家之禍非子之過賈聞命矣再拜受龜使為以納請遂
自為也紇非能害也乃立臧為紇致防而奔齊是也　若兄弟宗族猶
存則反告於傳　正義曰此是出已三世而爵禄無列於朝吉凶不相詔
告而不仕新國者宗族兄弟謂之本國之親宗大後宗之後也已朝本已不
列不告若宗族猶在兄弟尚在已有吉凶當反還告宗適不忘本故

也前告國者亦告兄弟可然既未仕新國猶用本礼也音義隱云雖無

列於朝有吉凶猶反告於宗子其都無親在故國不復来往也云國三

世至之法　正義曰此猶是無列無詔而反告宗後者今得仕新國者

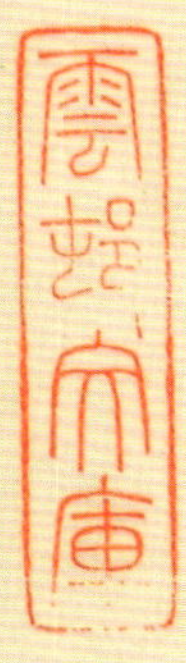

以四行観欲苦以上以四行観上界苦諦下観欲界集以
諦是第廿四因為第六因以四行相観欲界
苦以三行観上界苦諦 除空無我 第廿六因 第六因滅捨也 第五因以四行観欲苦以二
行観上界苦 除空無我 第廿七因以四行観欲苦以二行観上苦
除苦空無我也 第廿八因以四行観欲苦不観上界苦是以廿八因為第
七因滅捨也 第廿因滅捨也 信解欲界苦諦不空也問如何不空観巻為二種
病人一者見行人二者愛行人見行為二一者我見人二者我
所見人愛行者為二一我慢増人二懈怠増人此中若我見人
留無我行滅除三行善我所見人留空行観滅除三行我慢増
人留無常行観滅除三行懈怠増者留苦行観滅除二行留苦
留無常行観又見道人先滅何行相観巻走乱者用以欲界苦
諦下无常行観又見道者於同諦下従後向前先除无我次除空
除苦問若以苦行観入見道者先除空次除無常後無我 除非
我縦入見道者先除空次苦後无我 方便云一先先作師義云々 問何故留欲界苦
諦上行観巻遣見道遣見道物無漏苦法智忍此
苦法智忍斷欲界苦諦之惑故名加行位唯此物無漏道故

留欲界苦諦一行上縁耳向七周減縁之時之八減行皆故不名
減行而各説之時除之減行減縁掃故不名減行又得
廿四周唯是減行七周減行之減縁之同通減行減縁言得各
下文言更除遍名減行更而縁留行各減縁之四五總得云於八
諦此減七諦名七周減縁於欲苦諦減三行名一周減行之
言得各此言以云縁從欲界集諦至于上界道諦此七諦
八減諦只名減縁減行不從後想合名減縁於欲界苦
諦如留一行不減諦故唯可名減行也問先師許此義又各
是亂破云七周減縁此五之能三周減行此即不合云　問此言得
各言之云七周減縁名同正義三周減行道理不可能既有[illegible]
周以得云省七諦減行唯取欲界苦諦三行乎其答不只以名
之減行加周言極以無用夫言周者迴環義也下界上界周迴
之名周合以一之觀欲界三行何可名三周云也　破得言不然云
問得云上忍位減縁作云從此位元同起勝善根一行一刹那名上
品忍云　言云中忍元同起善根名上忍中忍位二行二刹那也上
忍位一行一刹那也故頌云但有二行二刹那心觀欲界苦名
中忍滿唯有一行一刹那心觀欲界苦名爲上忍云　清寳師[illegible]
一行一刹那中忍一行一刹那云上忍云

忍位一刹那也故頌云但有二刹那心觀欲界苦名

中忍滿唯有一刹那心觀欲界苦名爲上忍云々 法寶師云

一行一刹那中忍一刹那上忍云々

其相云世第一法〻位云所云上忍無間生世第一法〻云言所勝也

同此位名世第一法〻言得名者先云此爲法故名爲世間最是云所勝

故名爲第一此有漏法中此勝是故名爲世第一法云々 問 依言

有士用力離同類因引生道故名第一云々 言依名諸

寶師云是道始非安也云々 問 其始離同若安世第三云 世心

何於餘善法爲都勝故大名第一爲多勝故名第一 又設示一色

若都勝故名第一若此豈勝説稱過世俗智雖伏靜慮盡

類的二示欣善根所爲分勝故名第一若煖頂忍亦應名

第一約勝故又下位善根故〈云上 難也〉爲又作是説都勝故名第一

能引聖道間故〈作棧〉一切澤現觀邊世俗智亦能如

前所説勝事此皆無力用聖道門云々 問 無若言何今

世〈善〉一相爲士用力爲此無間能引聖道故能無引名第一云

也今論載無漏〈難〉文也

此四善根以何爲體所答頌云皆是五蘊除得云々 除得言如是煖

當許善根念住性相皆慧爲體兼助伴皆五蘊云々

云々因得修八欲恵為行眷属行通乏道云也因何根何
思二恵九眷聞思二恵行根是定世四善根唯定根散故
八欲恵為行根修々云如是四種皆欲所成根聞思所成唯
之引四故之引地[?] 唯是非散也 聞云眷属行通乏道云何眷恵之眷属
非言忍云也意云定戒為色蘊餘四蘊是心心所又
云能修[?]四諸聖眷属之善根定現前修故云言四念処
伴修通乏道云中間禅有十四不九遍其中得不相應
修為眷属行云也四得故不能得為眷[?]修九眷人定之[?]
善根一四現在前故不能為勝也復是亂云本紀燸ホ為求
之道也得之理不倶起所以善根ホ之用故須得聖之
為成燸ホ善得為修凡為燸ホ定現前道由此燸ホ根得
為修之四得故八得為四善根修之時得之之云世善根得
是紀凡善得為二種習得之ホ離也創已生犯名獲
已獲之名成離此成離名之得不定之法也今四善根以為
ホ云四修燸引頂之引忍之引世第一法世第一法引聖道前引
得引之時之善根不現在前故修之法之所得復不現前
故不失餘重心故之 名四善根得之不失名可以得為修之
為聖道ホ之所修也此之不現在前善ホ云四善根得之不
之為修名為之立之去而現在前云也四頂為得為三種修習

裏第三紙(表第十三紙)

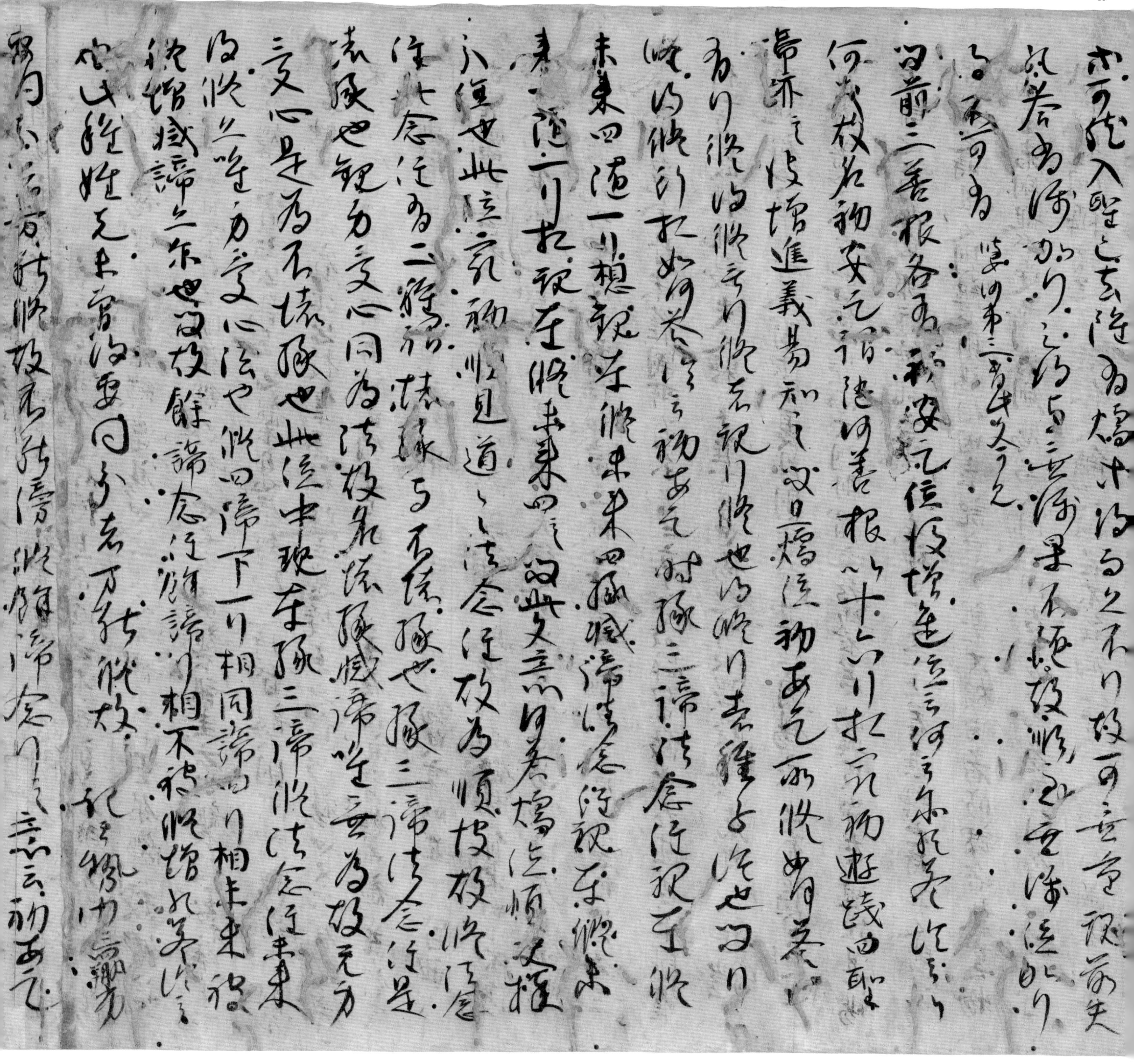

裏第四紙(表第十二紙)

裏第四紙（表第十二紙）

失地於究竟地煩悩二之退捨。根依本処見諦捨之得非

並二捨性此何云 問此頌文言修所断云此順決択分亦捨

見名也云四皆脩所成云明脩所成也云六地或七云明所依

地也云依欲界身凡云明依身云三一女男為二男四女三云明

一依何也云聖由失地捨言究竟地煩悩断二之退捨云明

下地捨也云依本処見諦云明為人道也云捨之得非聖云

頂順忍何也云二捨性非何云明捨称非聖何此依名順決択分

云何決択分云 決謂決断 断疑故 択謂簡択 謂分

分四諦相故 見道名決択 分是決択中一分故也 此煗等四

非見道故 能順彼名順決択分 此四善根三恵中

何恵所成恵也 依究竟地故 四善根依地何者 依四静慮

未至中間二地也 故頌云六地也 問何故不依無色地 答

無色界中無究竟地 為見道故 其依脩言

何者脩四善根之人有二類 一次第人 二超越人 其次

第人及伏欲界定分之 超越人依初未至脩四善

根云 謂未断欲界惑 故未至為初禅根本 究竟故 因之依初

未至脩也 若伏欲界分之 超越之人 依初禅根本

究竟之 其一成不還之人也 若伏初禅九品之依第二禅定

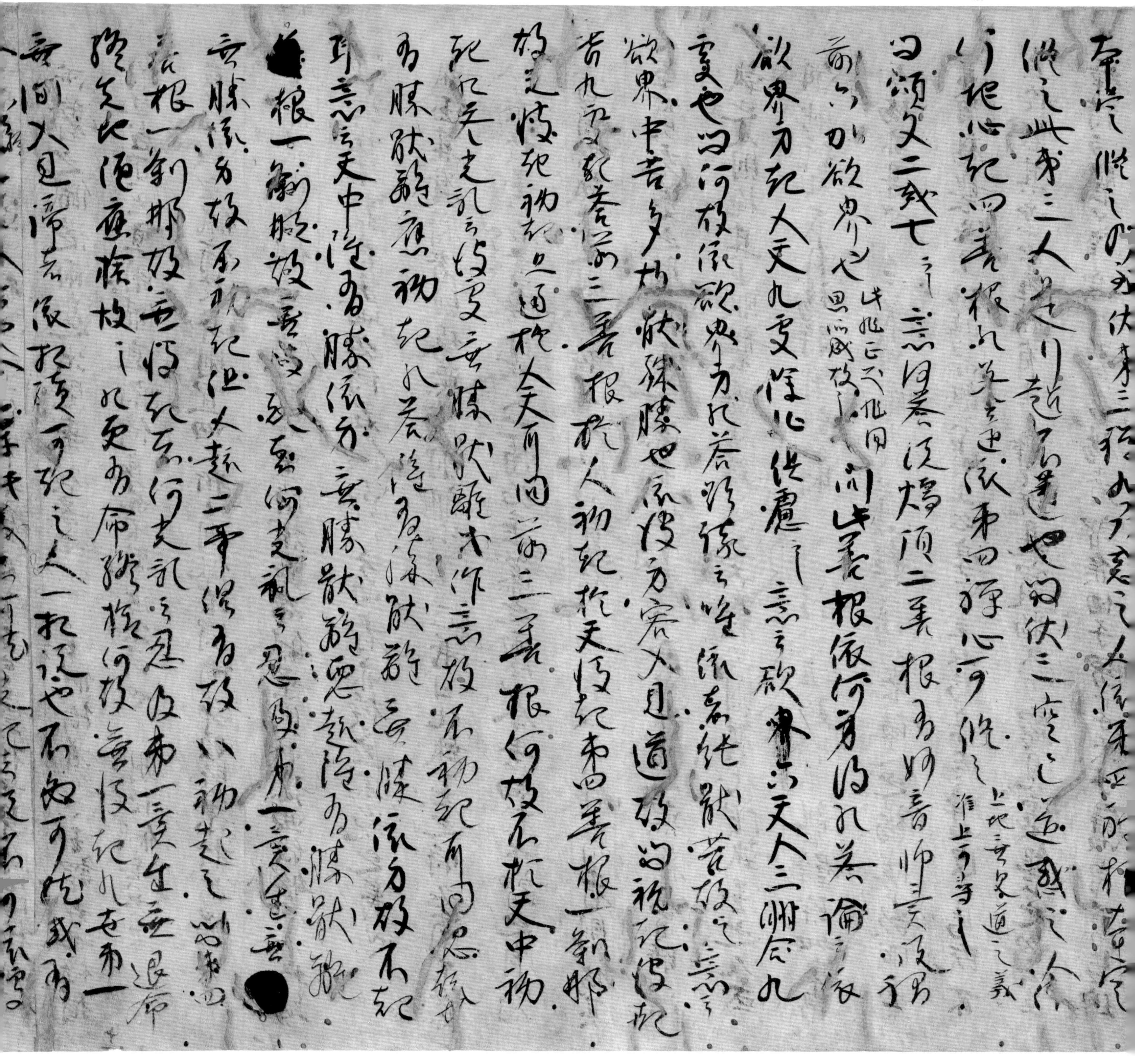

以女善根出子時為男故女前三善根道以二形故須説云
此男善根唯依男女能生能掃出前三善根男為二界
以二者男以男善根及以女善根女以二界消女以女善根及以
男善根故知以二掃於二界密時能為女亦為男故
掃者二女男以二未四女出小方未四善根女以二種因前掃下故
亦出能消女以女善根及以男善根以女容将為男故當亦亦
善根男唯以一消男唯以力善根亦未以女亦力能掃滅
故亦出男善根為女成因女善根為男為因欲前亦云此望以
正理二形亦以也出女男異説欲前正理以亦前三善根男力
展轉為因未四善根女為二因男能女因亦望以亦前三善根
女為男因男能女因　亦以未四善根為女因男略方不過以
二形於此以何會掃欲前亦先説為四掃一云正理依一道義望以
依多道義二云正理望以依依多道義二云四善根皆手為
因四云正理以現前掃所役望以依一期生説了　以且初掃之説
依一道義望以依多道正新説何除出小並故説又云　依望
目以意於可見女成掃女為男方掃中一於依力為分為男
女女二戒掃掃掃依茲萱及茲萱尼由於不同説為二
戒の云云茲萱及茲萱尼但以二戒故前三云善根應久不知
為因出於前二善根男女平以為同類同未四善根女

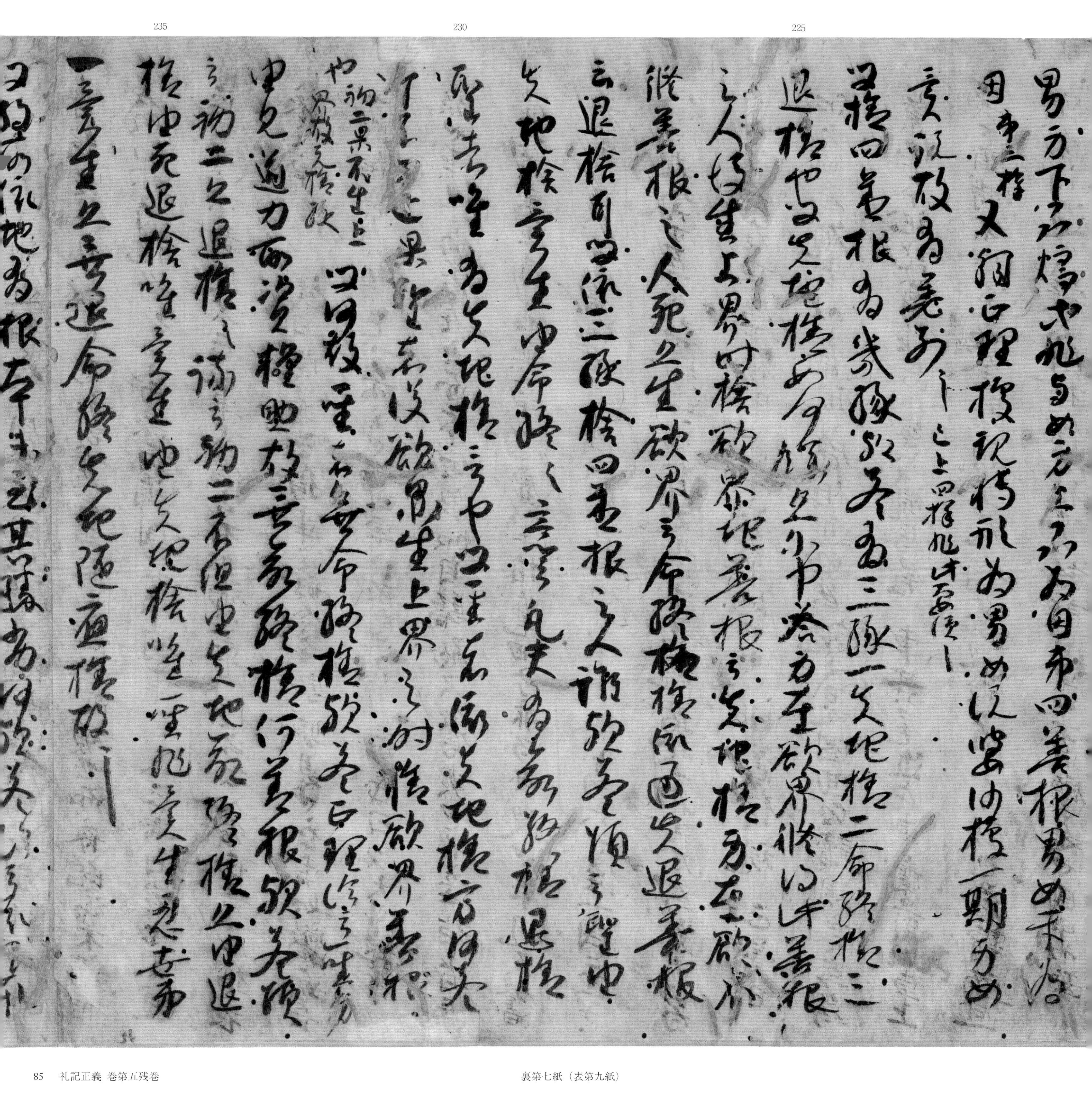

裏第八紙（表第八紙）

裏第九紙（表第七紙）

裏第十紙（表第六紙）

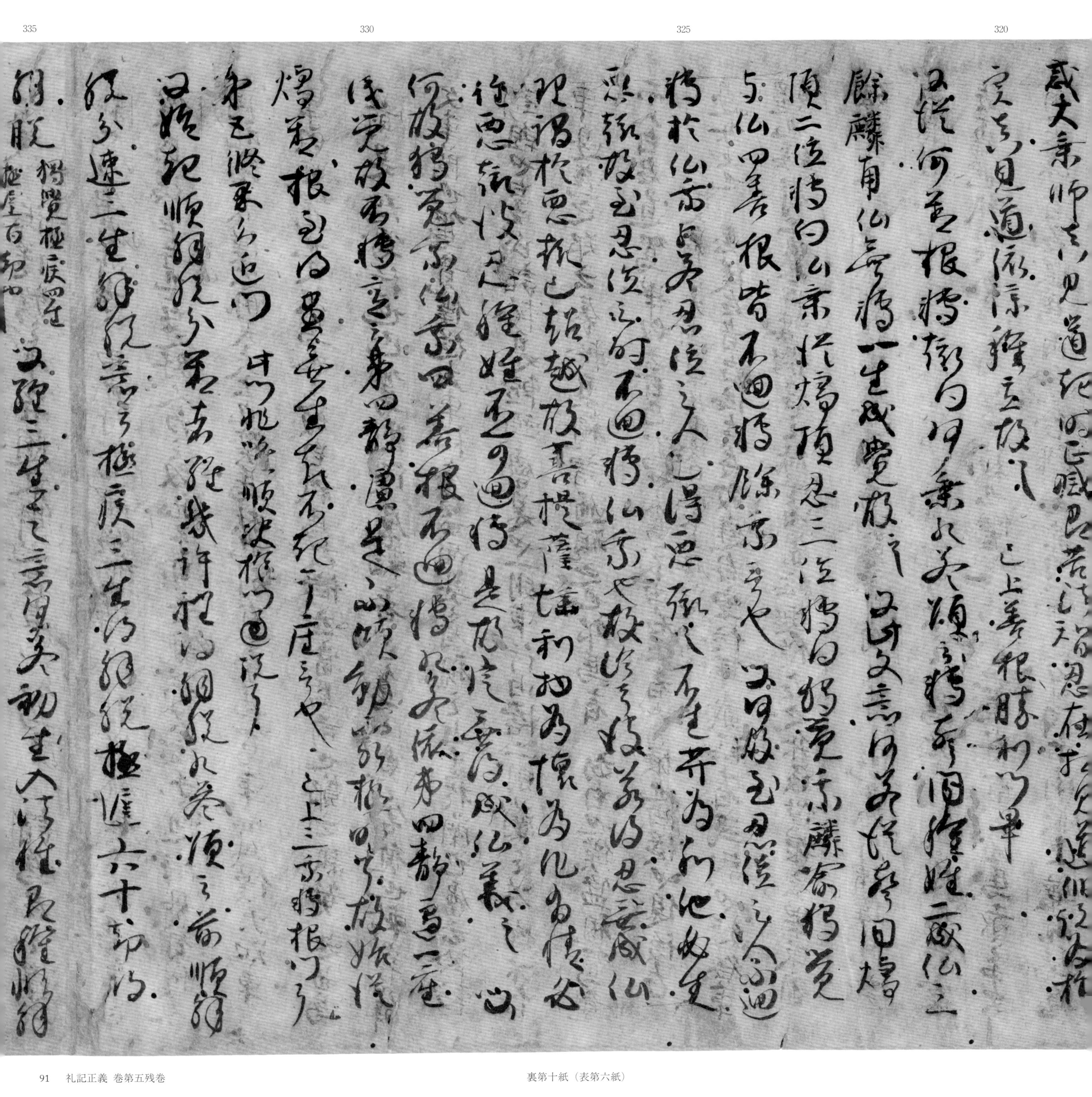

裏第十一紙（表第五紙）

復二品恵解脫三品俱解脫四品退法五品思法六品護法七品住
法八品堪達九品不動
論中廿六列子日向品從果品隨信行品隨法行品信解品見
至品身證品極七返品家家品一間品中般品生般品行般品無行般品
上流品阿羅漢品不動法品恵解脫品俱解脫品
此雖列名數有三云々 此若列名雖亂(?)
列名之精(?)精廿賢聖義也 問依頌(?)列廿九賢之中隨
信行隨法行以名(?) 並此藏之位不可數二人為信行法行
以鈍根為隨信行利根為隨法行 問何故鈍根為隨信行利根為隨法
行耶 答 鈍根之人隨師受教識教校以信為先依以信
名隨信行 利根之人自披教法深成性解不必隨師受故
名隨法行也 故宗云 唯由隨他補特伽羅信受修行名隨信行
自聞擇教法深信解修行故名隨法行 又宗云 以因
校所究竟 而思所觀察 自由自力前自由勤力隨法
修行 云々 何名所聞所校所究竟之人 若是因恵也 所思量
若是思恵也 所觀察若修恵也 今利根之人所謂三恵
知教義之境 自由自力前自由三恵為首修行也 勸之為隨行

裏第十三紙(表第三紙)

裏第十五紙(表第一紙)

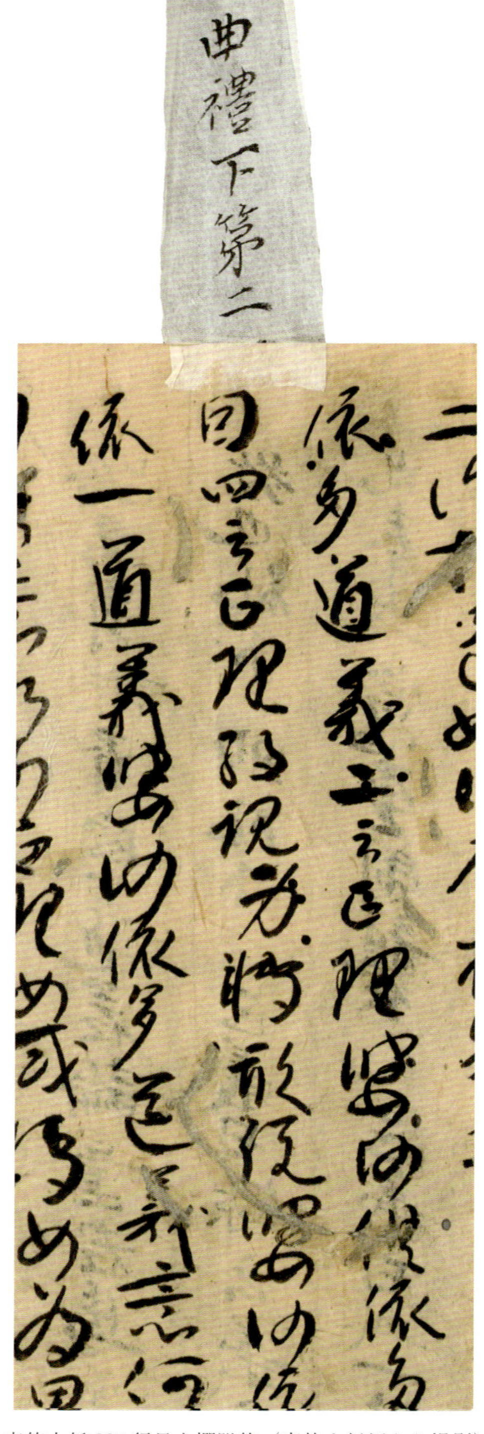

表第十紙 285 行目上欄附箋（裏第六紙側から撮影）

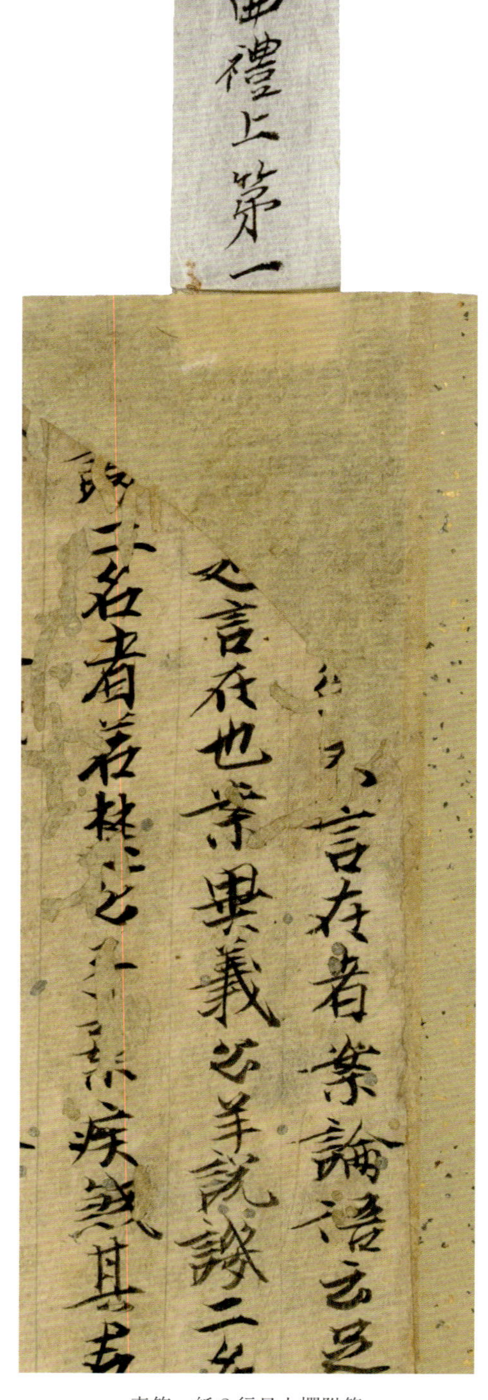

表第一紙 2 行目上欄附箋

毛詩　解題

石塚晴通
小助川貞次

毛詩は五経（易・書・詩・礼・春秋）の一つに含まれる中国古典学を代表する典籍であり、論語にも孔子が子息伯魚に向かって「不学詩無以言」（巻第八季氏第十六）と言ったとする一節があるほど、学問の根幹をなす重要な典籍である。漢初の毛亨・毛萇が伝えたテキスト（毛伝）に後漢の鄭玄が注を付け（鄭箋）、唐代に孔穎達らによって五経正義が編まれた際に、この毛伝鄭箋は標準テキストとして採用され、南宋の朱子による詩集伝が出るまでは詩経の古注テキストとして不動の地位にあった。東洋文庫本は、この毛伝鄭箋の唐代七世紀末の写本である。

本書の価値と伝来については、狩野直喜博士が大正九年（一九二〇）に書いた跋文と続跋文（本叢書図版参照）に詳しく、それによれば、もと山城国鳴滝常楽院に蔵されていたが、大正初めに東京の和田維四郎氏の蔵に帰し、狩野博士はこの本を和田氏から借りて影印し、内外の学者に配ったのち、大正九年に和田氏に返却するに際して跋文を書き足し、その学術的価値を宣揚した。狩野博士は本書を敦煌本毛詩残巻（P二五二九）とも対校し、「解覯」（綢繆七十行目）、「祛袂末」（杕杜九十一行目毛伝）、「斥娶者」（綢繆六十八行目鄭箋）など、両者に共通する古形を確認しているが、書体の点で本書が敦煌本に勝ると断じた。なお、狩野博士が本書との対校に使ったフランス国立図書館蔵P二五二九は八世紀中後期の写本であるが、前半の巻第一周南〜巻第五魏風は単経本（加点本）で、それ以降の巻第六唐風〜巻第七陳風は鄭箋（無点本）という取り合わせ本であり、全体の詳細な比較が待たれる。また書写年代について、狩野博士は上記跋文において奈良朝鈔本であること間違いないとするが（『岩崎文庫和漢書目録』も同様）、料紙の状態や漢字字体などの点から見て、本書は古渡りの初唐写本である。

国内に現存する毛詩古写本は、鎌倉時代以降のものでは、大念仏寺（巻第一）、東山御文庫（巻第十五・十八）、静嘉堂文庫（二十巻、清原宣賢講説加点）、大東急記念文庫（二十巻、清原宣賢講説加点）に蔵されるものがあり、また敦煌本に目を向けると、（鄭箋）S一〇（巻第二邶風）、S二〇四九（巻第八豳風〜巻第九鹿鳴之什）、S五七〇五（巻第十九臣工之什）、P二五〇六（巻第十南有嘉魚之什）、P二五一四（巻第九鹿鳴之什）、P二五三八（巻第二邶風）、P二五七〇（巻第九鹿鳴之什）、P二六六〇（巻第一周南）、P二六六九（巻第五齊風～魏風、巻第十六文王之什）、P四九九四（巻第十九鹿鳴之什）、（単経本）S七八九（巻第一周南～巻第三鄘風）、S三九五一（巻第一周南）、S六三四六（巻第十六文王之什～巻第十七生民之什）、P二五二九（巻第一周南～巻第五魏風、巻第六唐風～巻第七陳風は鄭箋）、P二九七八（巻第十二節南山之什～巻第十四甫田之什）、P三七三七（巻第十九閔予小子之什～巻第二十商頌）、（正義）S四九八（巻第十七生民之什）、（毛詩音）S二七二九（巻第一周南～巻第六唐風冒頭）、P三三八三（巻第十六文王之什～巻第十八蕩之什）など、比較的多くの写本に恵まれているが、本書は巻第六残巻ながら初唐時代写本である点、さらに十世紀初の訓点が加えられている点で、国内外の毛詩古写本の中で群を抜く価値を有する。

全巻に平安中期初、延喜頃（九〇一～九二三）の訓点が加点されており、漢籍訓点資料の中では現存する最も古いものの一つである。加点の種類は、少なくとも朱点（大小二種類）による科段、句読、字音注記（陸徳明経典釈文からの引用転記）、破音（その字が持つ原義ではなく派生義であることを示す点）、声点（四声）、仮名点（草仮名）、ヲコト点（明経古点）、墨点による朱点の補い、角筆点による仮名点（草仮名）、ヲコト点（明経古点）が区別できるが、加点時期としては一つと見做される（次頁の仮名字体表・ヲコト点図参照）。

これらの加点は、小林芳規博士がすでに指摘したように（『平安鎌倉時代に於ける漢籍訓読の国語史的研究』七二二頁）、訓の一部分を極小字で字画の空間等に目立たないような状態で加えられており、さらに加点内容を見ると、科段、句読、字音注記、破音、声点、ヲコト点がその大半を占め、加点資料から期待される仮名点は極めて少なく、後世のものと比べて際だった特徴を有するものであると言える。またヲコト点の形式についても、すでに築島裕博士が指摘したように（『平安時代語新論』一〇四～一〇五頁）、後世の明経点と異なるだけではなく、この時期の経書訓点資料内部でも互いに点法に違いがあることに加え、特に壺の内部に細かな星点を持っている点は、経書訓点資料である古文尚書（東洋文庫蔵）、春秋経伝集解巻第二（藤井有鄰館蔵）だけではなく、経書以外の世説新書巻第六にも通じる点で、単に経書であるか否かという違いを超えて十世紀初の加点資料に共通する現象であると考えられる。漢籍におけるヲコト点発達史の観点から非常に興味深い。

以上の、朱点、墨点、角筆点に加え、薄青色の極小の不審紙が七十箇所以上貼付されている。その大半は漢字右傍にあり、同時に書き込まれている墨筆注記や他本との異同から考えると、本文異同や字体上の問題のあった箇所に集中的に貼付されたと見做される。例えば、九行目割注「適」の右傍に不審紙があり、上欄に墨書で「過」と記されている（P二五二九、静嘉堂文庫本も「過」に作る）。また四十行目割注「叙」の右傍にも不審紙があり、墨書で「叔」と記される（「叔」が正しい）。この手の不審紙は唐代敦煌本にも見えるものであり、どの段階でなされたものか判断が難しいが、不審紙が剥落したために墨書注記に小さな空白が生じている箇所があり（五十二行目割注の三番目の「椒」注記）、少なくとも墨書による本文異同、字体注記よりも先行するものであることは確かである。本文異同の内容とセットにして考えるべき問題である。

本書に陸徳明経典釈文からの引用転記があることについては、すでに沼本克明博士による研究があり（『平安鎌倉時代に於る日本漢字音に就ての研究』六三五～六三七頁）、これを踏まえた朱点発と声点の典拠について原卓志氏の好論がある。いま改めて解題者が整理した一覧を次頁に示す。

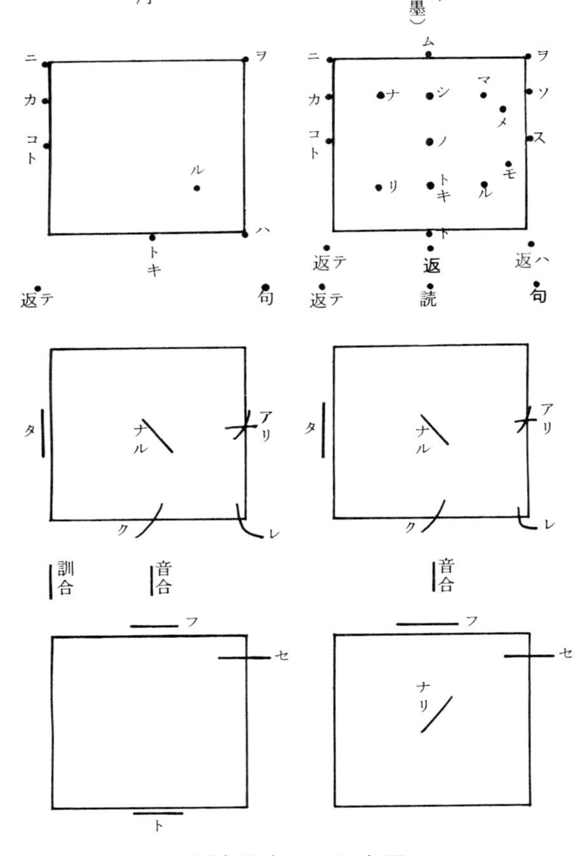

延喜頃点ヲコト点図

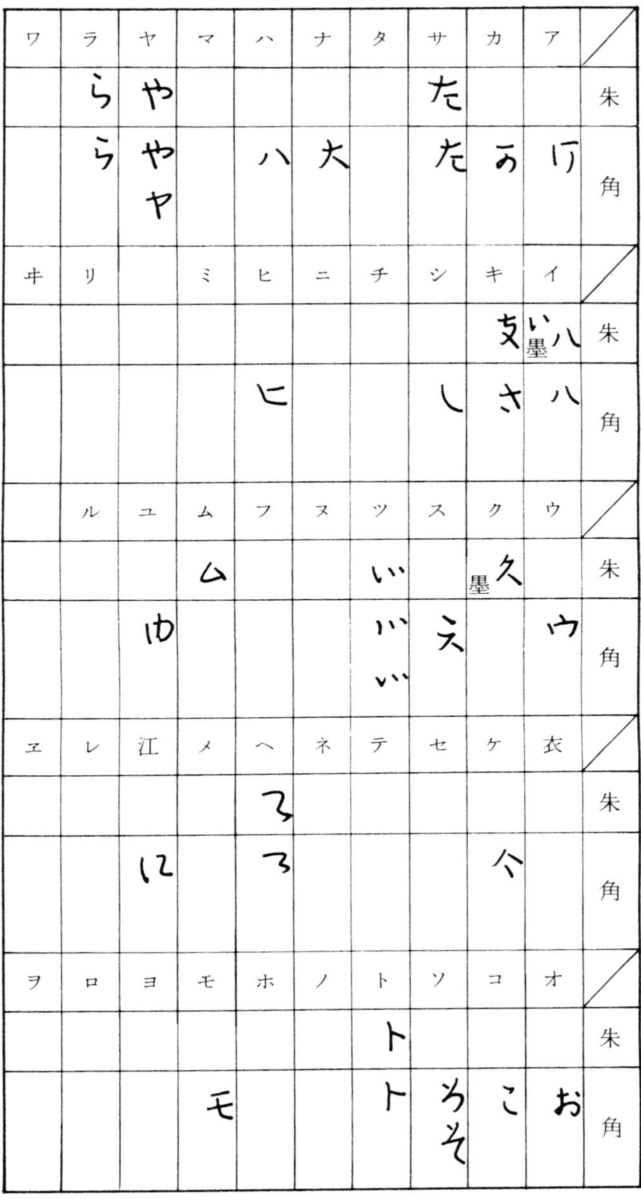

延喜頃点仮名字体表

陸徳明経典釈文と声点・音注との対照表

		声点あり	音注あり	声点･音注なし	小　計
*経典釈文	音注あり	138(**46)	59(46)	22	219
	音注なし	4	0	—	4
合　計		142(46)	59(46)	22	223

*「下同」「注同」等で対象となるもの44例を含む
**（　）内は声点と音注の両方が加点されている例（内数）

中田祝夫博士は「平安中期ごろまでは、一般には音読が存在したのではないか」と考えているが（『古点本の国語学的研究（総論篇）』六頁）、本書を含めた十世紀初の漢籍訓点資料には多くの声点が加点されていることからすれば、確かにそのような字音直読による本文理解の段階があったと考えることもできる。しかし、声点の大半は表に示した通り、中国側注釈書（ここでは陸徳明経典釈文）に音注が記載されている例がほとんどで、逆に音注が記載されていない場合には、声点も字音注も加点されていないことからすれば、経典釈文と逐一対照させながら読み進めた注釈的活動の一環であったと考えるべきであろう。

経書の訓読に際して正義が利用されていることについては、古文尚書平安中期点（本叢書第七巻所収）の例が知られているが（小助川貞次「尚書正義との関係から見た古文尚書平安中期点の問題」）、本書では上欄外に墨書で「正十半」（一行目蟋蟀）、朱書で「十一」（八十九行目羔裘）と漢数字を書き込んだ箇所があり、毛詩正義（単疏本）の巻数と合致する（注疏本とは当然合わないが、十六世紀の清原宣賢講説加点本である静嘉堂文庫本の書込とも合わない部分がある）。毛詩の場合、正義が実際の訓読にどの程度利用されたのかという点については、今後さらに検討する必要があるが、一例をあげるならば、七行目「歳聿其暮」の「暮」に加点された「クレナム」（墨仮名点「ク」、朱ヲコト点「れ」「な」「む」）が、正義の「言九月之時、蟋蟀之蟲在於室堂之上矣、是歳晩之候、歳遂其將欲晩矣」（東方文化叢書第八宋槧本毛詩正義による）とよく合致する。訓読における正義利用の一端と見ることができる。なお本書の訓点全文を解読した釈文が、石塚晴通「岩崎本古文尚書・毛詩の訓點」（『東洋文庫書報』第十五号、一九八三）に公表されているので合わせて参照されたい。

書誌は以下の通り。巻子本一軸一巻。国宝。唐時代七世紀末写。新補紺表紙（縦二七・〇糎×横二九・〇糎）。見返金銀花卉蝶紋。象牙軸。内題「（唐蟋蟀）詁訓伝第十」から尾題「鴇羽三章々七句」まで、毛詩巻第六唐風詁訓伝第十の前半にあたる百十三行を存する。料紙は楮紙（中国製構（穀）紙）で、一紙縦二七・二糎×幅五七・五糎（第一紙のみ幅五五・二糎）を五紙継ぐ。天地断裁あり。毎紙二十三行（第一紙二十一行＋空行一行）、毎行十四字。界高二一・〇糎。識語はない。第五紙の後に裴紙（幅四・〇糎）を挟み、狩野直喜跋文（大正九年（一九二〇）五月）、同続跋文（年月不記）が続き、軸巻紙（幅七・五糎）へと繋がる。なお、第五紙九十七行目と九十八行目（羔裘篇尾題）の間に裁断面があり、幅三～四粍の細紙を貼り付けて繋ぎ合わせている。この裁断面は紙背両部儀軌から見ると二十六行目「畝那囉」の中心を通っているので、毛詩の側で一度裁断した後、再び繋ぎ合わせたことが分かる。毛詩鄭箋は「小序↓本体↓篇名・章句数」の順序で一篇をなすので、篇名・章句数の前で裁断すると篇名を失った不体裁な形になる。この裁断面は「羔裘三章々四句」を九十九行目から小序が始まる「鴇羽」の篇名と見誤ったための処置とも想像される。印記は、表第五紙に続く継紙下方に単郭朱印「雲邨文庫」、紙背第一紙右端下に単郭朱印「洛（西鳴滝）／常楽院蔵」があり、跋文末尾に「狩野直喜」「子温」、続跋文に「直喜」「君山」の朱方印を捺す。

紙背には平安時代治安元年（一〇二一）奥書の両部儀軌が存する。墨書奥書に「治安元年十二月五日乙卯午正時無人獨奉讀兩部儀軌而至金界勝心眞言以前思惟自他／法界斷□律満二世願唯有兩部法而則漸奉讀至供養會發願云衣食不／具足不能修行願令具足資生具修行晝夜廣東寺之道興隆大師之跡利益／又一□□□□一讀一印眞言雷音一振希有之亦希有相應也但其日從夜／終（以下欠損）」とあり、一行目と二行目の下に朱書奥書「□□私記集也不可散書必々蜜々不可見於人努々／□受□蜜□者」が見えるが、判読できない部分が多い。なお、紙背の両部儀軌の書写位置は、表面の毛詩に対して巧妙にできている。すなわち、紙背墨書奥書最終行「終（以下欠損）」が表面の毛詩冒頭の一行目と二行目の間にあり、紙背に両部儀軌を書写する際に、（少なくとも巻末は）表面の毛詩第一紙に納まるように調合されているのである。現状の毛詩末尾以降の欠損する分量と（静嘉堂文庫本と比較して、巻第六全体だと九紙ほど、唐風詁訓伝第十だと三紙ほど）、紙背の両部儀軌冒頭の欠損する部分がどの程度調整されていたのか、本書の来歴を考える上で興味が持たれる。

参考文献

狩野直喜「旧鈔本毛詩残巻跋」（『史林』第四巻第四号、一九一九）

『京都帝国大学文学部景印旧鈔本第一集』（京都帝国大学文学部、一九二二）

『岩崎文庫和漢書目録』（東洋文庫、一九三四）

小林芳規『平安鎌倉時代に於ける漢籍訓読の国語史的研究』（東京大学出版会、一九六七）

築島裕『平安時代語新論』（東京大学出版会、一九六九）

中川憲一解説「毛詩巻第六」（『唐鈔本』、大阪市立美術館、一九八一）

沼本克明『平安鎌倉時代に於る日本漢字音に就ての研究』（武蔵野書院、一九八二）

石塚晴通「岩崎本古文尚書・毛詩の訓點」（『東洋文庫書報』第十五号、一九八三）

築島裕『平安時代訓点本論考（ヲコト点図仮名字体表）』（汲古書院、一九八六）

小林芳規『角筆文献の国語学的研究』（汲古書院、一九八七）

原卓志「毛詩唐風平安中期点における経典釈文の利用——声点・点発を通して——」（『国文学攷』第一一四号、一九八七）

『岩崎文庫貴重書書誌解題』Ⅰ（東洋文庫、一九九〇）

小助川貞次「尚書正義との関係から見た古文尚書平安中期点の問題」（『日本学・敦煌学・漢文訓読の新展開』、汲古書院、二〇〇五）

小助川貞次「日本における十世紀加点の漢籍訓点資料の位置」（藤本幸夫編『日韓漢文訓読研究』、勉誠出版、二〇一四）

『礼記正義』書誌解題

石塚　晴通
小助川貞次

『礼記』関係の古写本は、国内では早稲田大学所蔵『礼記喪服小記子本疏義第五十九』（国宝）と本書のみであり、敦煌本を見ても、（鄭注本）S五七五（儒行第四十一末尾～大学第四十二冒頭、近代写本歟）、P二五〇〇（檀弓下第四後半）、P三三八〇（大伝第十六後半～少儀第十七冒頭）、（単経本）Dx二一七三梁呉均五言詩二種紙背（曲礼上第一後半）、（礼記音）S二〇五三漢書蕭望之伝紙背（楽記第十九後半～緇衣第三十三冒頭）、（正義）S六〇七〇（郊特牲第十一断片）、（唐明皇御刊定禮記月令）S六二一、S二五九〇、と数は少ない。本書がまとまった分量を持つ単疏本であることを考えるならば、その価値は極めて大きい。

『礼記正義』が我が国へ伝来した経緯に関しては會谷佳光氏の本書解題を参照されたいが、『礼記』が具体的にどのように学ばれたのかという点になると、『礼記』そのものの訓点資料が現存しないために、僅かに学令（『令義解』）の条文「凡経、周易、尚書、周礼、儀礼、礼記、毛詩、春秋左氏伝、各為一経、孝経、論語、学者兼習之」から想像するしかない。ただし、平安時代の古辞書には『礼記』を出典とする漢語がその訓点とともに引用されている例があり、『礼記』学習の実態を垣間見ることができる。例えば、平安時代院政期の漢字辞書『図書寮本類聚名義抄』には「—（陳）根」の見出語があり（勉誠社複製本二百三頁五行目）、ここに和訓「フルキネ月」が記載されている。「陳根」は『礼記』月令「是月也天氣下降地氣上騰天地和同草木萌動」の鄭注「此陽氣蒸達可耕之候也農書曰土長冒橛陳根可抜耕者急發」に見える語であって、そのままでは「陳根」が一体何であるのか解釈のしようがないが、正義を見ると「陳根朽爛可抜而去之」とあり、この解釈によって「フルキネ」を導き出すことができる。『礼記』学習の場面において正義がどの程度利用されたのかは、これだけの例ではなお想像の域にとどまるが、『毛詩』や『古文尚書』の古訓点にも正義利用の跡を確認することができ、とりわけ本巻所収の『毛詩』においては、単疏本の正義の巻数が記載されており、『礼記』学習においても本書のような単疏本が利用された可能性は十分に考えられるところである。

本書が平安朝写本なのか唐写本なのか、またその祖本は永徽二年（六五一）の考正・増損を経たものを反映するのかしないのか、これを積極的に判断する根拠を示すとなると、決して容易なことではないが（先行研究については會谷佳光氏の本書解題参照）、写本としての特徴を見ていくと示唆する材料はいくつかある。

その判断材料のひとつが、料紙の生産地の問題である。料紙の厳密な判定は、工学的な手法による精密調査を待たなければ正確なことは言えないが、通常の拡大鏡で見る限り、本書の料紙は楮繊維が細かく刻まれており、かつその向きが一定方向ではないことから中国製の溜漉による製紙であると見做される。

さらに正義という注釈書に備わる「標起止」について考えてみると、本書の位置付けがもう少し見えてくる。敦煌本には単疏本正義が数点現存し、S四九八毛詩正義（生民之什、八世紀中期写）、P三六三四春秋経伝集解（僖公二十―二十八、八世紀前半写）紙背の哀公十二年正義、P三六三五春秋経伝集解（僖公二十八、八世紀前半写）紙背の哀公十三年正義では、それぞれの標起止は「（二字）至（二字）」（対象範囲が狭い場合は「至」を用いずにそのまま掲出）の形式が朱書で記される（正義本文は墨書）。この朱書による標起止は東京国立博物館蔵『神歌抄』紙背の『毛詩並毛詩正義』（唐写本）でも同様である。注釈書の中のある部分に朱書を用いることは、すでに陸徳明『経典釈文』叙録に見え（「若讀注不曉則、經義難明、混而音之、尋討未易、今以墨書經本、朱字辯注、用相分別、使較然可求」）、これがP三三一五尚書釈文残巻（八世紀中期頃写本）では朱書に代わって「注」の掲出字冒頭に朱点を加点して「経文」掲出字と区別している。この朱点による方法は、P二四九二楚辞音残巻（八世紀初期写本）でも同様である。宋版以降、この朱書・朱点が用いられなくなるのは、印刷テキストでは色彩の表示が困難になったからである。議論をもう一度正義に戻して考えるならば、八世紀以降、標起止は朱書による「（二字）至（二字）」の形式が確認でき、宋版以降は朱書が墨書に代わった状態でこの形式が継承されている。本書の標起止の形式が、「（二字）至（二字）」を採用しない点、また朱書ではなく墨書である点を考え合わせるならば、本書の書写年代について示唆するところは大きい。

以上を踏まえながら本書の書写態度を観察してみると、様々な点が見えてくる。本書は墨界が施された料紙に書写されているが（後述するように第十五紙は無界）、第一紙から第十一紙までは界線内に本文が納まっているが、第十二紙以降は界線を無視して書写されているために、界線で区切られた行数よりも実際に書写された行数の方が多くなっている（第十二紙：二十九行枠に対して三十一行、第十三紙：二十八行枠に対して三十七行、第十四紙：二十七行枠に対して三十三行、第十五紙：無界三十四行）。また一行当りの文字数は平均して二十八字程であり、前記敦煌本正義と比べてかなり多い（S四九八毛詩正義：二十一～二十三字、P三六三四春秋経伝集解紙背正義：十九～二十字、P三六三五春秋経伝集解紙背正義：十八～二十一字）。

書体は基本的には楷書体であるが、一部に行書体が混ざり（「故」「事」等）、この点でも敦煌本正義が一貫して楷書体で書かれているのとは大きく異なる。さらに本文の誤脱に対する補入や字体注記が相当数見られることに加え、薄青色・茶色の小紙片を貼り付けた不審紙が数百箇所存在する（例えば、第一紙十行目から十二行目の「土」終画の薄青色不審紙は「土」ではなく「士」であることを示し、また第十紙二百八十七行目行頭の「礼不」の字画中の茶色不審紙は見消符であることを示す等）。これらの校訂作業がどの段階で行われたのか、また校訂に際して拠ったテキストはどのようなものだったのかなどは今後の課題であるが、このような夥しい校訂が施されているのは、本書が完成されたテキストでは決してなく、かといって稚拙な寺子屋テキストでもない。恐らく「草稿本」としてのある段階を示していると考えることができるのではないか。料紙の問題、標起止の問題、書写態度の問題を考え合わせるならば、本書の書写年代は自ずと明らかであろう。

なお、缺筆の存在については、書写年代推定の根拠となることが多いが、書体（楷書体か行書体）や異体字の出方によっては判断が難しい。本書では「世」字が二十八例、「民」字が九例あり、この内「世」字で四画目を缺くものが六例（三百九十二、三百九十二、三百九十四、四百五、四百七、四百五十七行目）あるが「民」字には缺画がない（「世民」は太宗の諱）。これをもって本書は缺筆の処置が緩んでいると見做すことも可能である。しかし、本書は行書体が混ざるテキストであることを考えれば、「世」字は運筆の都合で四画目が省略されたと見ることも可能であるし、一方で「民」字はすべての例が右横に一点加わった異体字であり、そのために缺筆の処置を免れている（「プラスの缺筆」）と見ることも可能なのである。缺筆については本書のような書写態度のテキストでは確実な判断材料とすることはできない。

書誌は以下の通り。巻子本一軸一巻。重要文化財。巻末軸巻紙右端下に「雲邨文庫」の単郭朱印を捺す。唐時代七世紀後期写。新補濃縹色無地表紙（縦二八・〇×横二四・四）、見返淡褐色地金銀砂子散。牙軸。料紙は楮紙（中国製溜漉）で全十五紙。首尾欠。天地裁断あり。一紙二十八行〜三十七行、全四百七十五行。墨界（界高二五・七）。ただし最終紙（楮紙）のみ無界で他紙と異なる。各紙寸法、第一紙、高二八・〇糎×幅五七・七糎（三十三行）、（以下紙幅省略）第二紙、五七・〇糎（三十三行）、第三紙、五五・五糎（三十行）、第四紙、五七・二糎（三十三行）、第五紙、五七・〇糎（三十三行）、第六紙、五五・六糎（三十一行）、第七紙、五五・四糎（三十行）、第八紙、五六・〇糎（三十行）、第九紙、五五・二糎（二十八行）、第十紙、五六・〇糎（二十九行）、第十一紙、五六・六（三十行）、第十二紙、五六・〇糎（三十一行）、第十三紙、五五・四糎（三十七行）、第十四紙、五四・四糎（三十三行）、第十五紙、五二・五糎（三十四行）。日本語による加点は無い（無点本）が、本文の誤脱に対する補入や字体注記、薄青色・茶色の小紙片を貼り付けた不審紙が多数見られる。また、第一紙冒頭上欄及び第十紙冒頭上欄に、それぞれ薄美濃紙の附箋紙「曲禮上第一」（六・〇糎×二・三糎）「曲禮下第二」（五・六糎×二・〇糎）が紙背側から貼付されているが、これは近代のものである。

本書の紙背には平安時代寛弘五年（一〇〇八）の書写奥書を持つ『賢聖（義）略問答』が存する。漢籍紙背に仏書が書写されることについては築島裕『平安時代訓点本論考（研究篇）』（五十九頁）に言及があり、唐時代、奈良時代、平安時代に書写された漢籍によく見られる現象である。本紙背の『賢聖義略問答』は平安時代中期の法相宗の学僧中算（仲算）の撰述になるもので、『二十七賢聖章立』（佚書）について諸書を引用しながら問答体で簡略に注解し直したものである。従来、『大正蔵』第七十一巻に収録される元禄六年（一六九三）奥書の巻第四しか知られていなかったが、富貴原章信博士が神田喜一郎博士所蔵古写本から永祚二年（九九〇）書写の巻第一を発見され、その内容について広く知られるようになった（富貴原章信『賢聖義略問答の研究』）。東洋文庫本は永祚二年写本と同じ巻第一であり、巻首を欠くものの唯識学・倶舎学にとって極めて重要な典籍である。尾題「賢聖略問答巻第一」の後に、天延三年（九七五）の中算の跋文「天延三年夏五月於興福寺喜多院松房記之釋中算／（一字文空白）先徳之記或文繁義廣下根之人其力難堪或義乖／理殊後學之輩研尋有煩仍省略廣文筆削謬義／作此記之後學勿□之」を引く。本紙背は中算の撰述からわずか三十年ほどしか経ていない時期に書写されたものであり、「章草体」と呼ばれる書体は中算原本の面影を伝えていると考えられる。書写奥書「寛弘五季四月二日於龍門南院書寫畢沙門如慶本」に見える「如慶」については未勘。

なお『礼記正義』の面から見て紙継のように見える折目（山折）の跡が、二十二箇所確認できる（第一紙十八行目左、第二紙四十一行目左、五十三行目左、六十五行目左、第三紙七十五行目左、第四紙九十九行目左、百二十二行目左、第五紙百四十二行目左、第六紙百七十八行目左、第七紙二百一行目左、二百二十三行目左（紙継と重なる）、第八紙二百四十四行目左、第九紙二百六十五行目左、第十紙二百八十六行目左、三百七行目左、第十一紙三百二十八行目左、第十二紙三百四十九行目左、三百七十行目左、第十三紙三百九十九行目左、第十四紙四百二十四行目左、第十五紙四百四十八行目左、四百七十四行目左）。折目の間隔は四〇糎程（二折目と三折目、三折目と四折目の間は二〇糎程、七折目と八折目の間は三三糎程、八折目と九折目の間は六四糎程で若干異なる）である。最初の折目（第一紙十八行目左）が紙背『賢聖義略問答』の寛弘五年奥書の直後にあることから考えると、『礼記正義』を外側に（すなわち『賢聖義略問答』を内側に）して、反物のように折り畳んだ状態があったと想像される。漢籍古写本が、どのようにして今日まで伝承されてきたのかを考える上で非常に興味深い。

参考文献

富貴原章信『賢聖義略問答の研究』（神田喜一郎『優鉢羅室叢書』、一九七〇）
平川彰「（書評）富貴原章信著『賢聖義略問答の研究』（『優針羅室叢書』）」（『古代学』第十七巻第四号、一九七一）
『岩崎文庫貴重書書誌解題』Ⅰ（東洋文庫、一九九〇）
築島裕『平安時代訓点本論考（研究篇）』（汲古書院、一九九六年）

『礼記正義』テキスト解題

會谷　佳光

『礼記正義』は、唐の太宗の命を受けて国子祭酒孔穎達（五七四〜六四八）等が撰した『五経正義』の一つである。「五経」は『易』・『書』・『詩』・『礼』・『春秋』のことで、儒教の聖典として伝承・研究された。これらを解釈するために、戦国時代から前漢初期にかけて「伝」が作られ、前漢武帝の時、董仲舒の献策によって五経が公認され、五経博士が置かれた。そして後漢から晋代にかけて経を解釈するために「注」が作られ、さらに注を疏解することを通して経・伝を解釈せんとして、南北朝・隋唐代に大量の「疏」（義・義疏）が登場した。『五経正義』はこのうち疏に当たるもので、『周易正義』十四巻（魏・王弼注、晋・韓康伯注）、『尚書正義』二十巻（漢・孔安国伝）、『毛詩正義』四十巻（漢・毛亨伝、漢・鄭玄箋）、『礼記正義』七十巻（漢・鄭玄注）、『春秋正義』三十六巻（晋・杜預集解）の計百八十巻からなる。晋代までに編纂された注の中から最良のものを選び、さらにその注に対する最善の疏を選び、その不備を次善の疏で補い、最後に唐人が加筆して、貞観十二年（六三八）に完成した。その後、同十六年に詳審が加えられ、孔穎達没後、高宗の永徽二年（六五一）に考正・増損され、同四年に五経の公認解釈集として天下に頒布された。

『礼記』は、孔子の後学が伝えた礼に関する記録百三十一篇から、前漢の戴聖が四十六篇を抜粋したものとされ、叔父戴徳の編纂した『大戴礼記』に対し、『小戴礼記』と称する。『礼記正義』は、南北両朝で行われた後漢の鄭玄注を採用し、南朝の皇侃の疏に基づき、その不備を北朝の熊安生の疏で補い、孔穎達等唐人が加筆して編纂した。『旧唐書』経籍志・甲部経録礼類に「禮記正義七十巻　孔穎達撰。」、『新唐書』芸文志・甲部経録礼類に「禮記正義七十巻　孔穎達、國子司業朱子奢、國子助教李善信賈公彦柳士宣范義頵、魏王參軍事張權等奉詔撰、與周玄達趙君贊王士雄趙弘智覆審。」と著録される。

経書の伝承形態には、経のみの単経本、経・注を合わせた経注本（単注本）、疏のみの単疏本、経・注・疏の三者を合わせた注疏本（注疏薈本）があり、さらに注疏本に唐・陸徳明『経典釈文』を加えた附釈音本がある。疏は単疏本が本来の形であり、今日普通に見られる注疏本は南宋の頃に出現したもので、その疏には誤脱が多いとされる。『礼記正義』は七十巻本と六十三巻本の二種が伝わるが、諸本の孔穎達「礼記正義序」に「凡成七十巻。」とあるように、本来は七十巻本である。『欽定四庫全書総目』「礼記正義六十三巻」の提要は

「其書務伸鄭注、未免有附會之處。然採摭舊文、詞富理博、説禮之家、鑽研莫盡。」と述べ、鄭玄注に忠実に疏解を行ったため、牽強付会を免れない部分はあるものの、その詞理広博な解釈は後世の礼学に多大な影響を与えたと評価する。

唐代には単疏本として伝写されたが、宋代になると印刷術の発達により、木版印刷されるようになった。単疏本『礼記正義』の出版は、北宋の端拱元年（九八八）三月、国子司業孔維等が太宗の勅を奉じて『五経正義』百八十巻を校勘して国子監で刊行したのが最初であり、淳化五年（九九四）五月に献上された（宋・王応麟『玉海』巻四十三芸文「端拱校五經正義」条）。また咸平二年（九九九）二月に国子祭酒邢昺が「新印禮記疏七十巻」を上進したとの記録もある（『玉海』巻三十九芸文「咸平禮記疏」条）。しかし、これら北宋版は現存しない。

現存する単疏本の刊本では、身延山久遠寺蔵の南宋初刊本が最も古く、かつ唯一のものである。存巻第六十三至第七十。巻第七十末には淳化五年五月上進時の列銜があり、阿部隆一氏は、南宋紹興年間（一一三一～六二）の詔で、地方機関に北宋監本の再版を促した時に刊行された覆刻本であり（『玉海』巻四十三芸文「景德羣書漆板　刊正四經」条）、その字様から紹興年間、遅くとも乾道年間（一一六五～七三）の刊刻と推測する（『日本国見在宋元版本志経部』）。金沢文庫の旧蔵で、景印本に『東方文化叢書第二』（東方文化学院、一九三〇年）・『四部叢刊三編』所収本がある。

注疏本で現存最古のものは、紹熙三年（一一九二）に提挙両浙東路常平茶塩公事の黄唐等が校刊した七十巻本である。半葉八行で、釈文は付されない。八行本・黄唐本・越州本・越刊八行本と呼ばれる。その版木は、元代に西湖書院に帰し、明代に南京国子監に移管されて補修されつつ印行された。足利学校遺蹟図書館に宋修本、中国国家図書館に宋元逓修本等が伝存する。中国国家図書館蔵の宋元逓修本は、明末清初の孫承沢・季振宜の旧蔵で、南宋・賈似道の「秋壑／圖書」印も見える。これを入手した南海の大蔵書家潘宗周（一八五六～一九三九）は、民国十六年（一九二七）に巨資を投じて百部を景刻し、翌年には自ら校勘記二巻を作成・刊行した。また刊行年は不明ながら景印本も出版されている。原本は子の世茲（一九〇六～九二）によって家蔵の宋版百余種とともに中華人民共和国政府に寄贈され、北京図書館（現中国国家図書館）に帰した。

最初の附釈音本は、建安の一経堂主人劉叔剛が刊行した所謂「南宋十行本」である。書名は「附釈音礼記注疏」に改題され、分巻も六十三巻に改められた。半葉十行。元代に覆刻され、明代に補修されつつ印行された。また乾隆六十年（一七九五）和坤影宋刊本（中国国家図書館蔵）が伝わる。明代の附釈音本では、嘉靖年間（一五二二～六六）に李元陽が南宋十行本を底本に重刊した所謂「閩本」（「九行本」「嘉靖本」とも呼ばれる）、万暦十六年（一五八八）に北京国子監で閩本を底本に刊行した所謂「監本」、崇禎十二年（一六三九）に毛晋汲古閣で監本を底本に刊行した所謂「毛本」が有名であるが、脱誤が多い。

清代には殿本をはじめ南宋十行本系統の諸版があるが、最も流布したのは阮元（一七六四～一八四九）『重栞宋本十三経注疏』所収の『附釈音礼記註疏』六十三巻である。阮元は、『四庫全書』にも収録された山井鼎（一六九〇～一七二八）撰、荻生観補遺『七経孟子考文補遺』に刺激を受け、嘉慶十三年（一八〇八）に『十三経注疏校勘記』を編纂刊行した。そのうち『礼記注疏校勘記』六十三巻は臨海の洪震煊が恵棟校本を底本に諸本との異同を調べ、阮元が校定して成ったものである。さらに同二十年に阮元は家蔵の南宋十行本『十三経注疏』を南昌府学で重刊し、その際、盧宣旬が各経の『校勘記』を摘録して該当各巻の後に附録した。なお、この時底本に用いられた阮元家蔵の南宋十行本は、宋版ばかりでなく、元刊明修本を含むと考えられている。

『礼記正義』七十巻が遅くとも平安時代に伝来していたことは、藤原佐世（八四七～八九七）が寛平年間（八八九～八九八）に撰した『日本国見在書目録』礼家に「、、（礼記）正義七十巻　孔穎達撰」と著録されることから確認できる。時期的に見て単疏本の写本と考えるのが妥当である。また藤原頼長（一一二〇～五六）の日記『台記』（東洋文庫蔵江戸期写本、文化二年吉田社公文所校）の康治二年（一一四三）七月廿一日条に「皇太后大進以殿業（朱校作「顕遠」）借送礼記正義摺本一部〈七十巻〉、勝得万戸侯。」とあり、天養元年（一一四四）十二月十日条に「申四刻、見礼記正義巻第七（「七」拠朱校補）十了。去年十一月三日始見之、一部七十巻、今日終功。首付懸句、又抄出論義。…」とあり、一年余をかけて『礼記正義』を読了したとの記録が見える。「摺本」は刊本のことであり、「首付懸句、又抄出論義。」は、この刊本に経・注がなく、標起止（正義の解釈が経・注のどこからどこまでを対象としたものかを表す）・正義の順に記されていることを述べたものとも取れることから、宋版の単疏本であった可能性がある。

東洋文庫所蔵本は、曲礼上下を存するのみの巻子本で、経・注を収録しない単疏本である。首尾を欠くため巻次は不明であるが、南宋八行本『礼記正義』七十巻では、曲礼上は巻第一至第五、曲礼下は巻第五至第七を占め、本巻はそのうち巻第五に相当する。巻第五の正義は全百六十条あるが、本巻は曲礼上の第一至十条の全文と第十一条の最初の三十余字、曲礼下の第百五十八条の末尾十余字と第百五十九・百六十条の全文を欠く。旧蔵者を推知させる痕跡はないが、明治十三年（一八八〇）、駐日公使黎庶昌の随員として訪日した楊守敬（一八三九～一九一五）は、森立之（一八〇七～八五）より本巻の模写を入手し、『留真譜初編』（光緒二十七年（一九〇一）宜都楊氏観海堂刊本）に冒頭四行を摸刻して「古鈔禮記單疏巻子本一巻。狩谷望之舊藏本。」と付記していることから、本巻が狩谷棭斎（一七七五～一八三五）の旧蔵本であったことがわかる。ただし棭斎の旧蔵書を著録する『経籍訪古志』・『求古楼書目』（国立公文書館内閣文庫蔵写本）に本巻は記載されていない。

民国三年（一九一四）、劉承幹（一八八一～一九六三）は、楊守敬の模写本を底本に重校刊し、六十三巻本に合わせて巻第三第四の二巻に分巻して『嘉業堂叢書』に収録した。その巻末に楊守敬の跋を以下のように収載する。

右禮記曲禮正義卷子本殘卷、日本狩谷望之所藏、余得之森立之。顧立之訪古志未載、蓋其作訪古志時、尚未見此本也。日本所存單疏、易書有全部、左傳有殘本、然皆從摺疊本傳摹。獨此爲卷軸之舊、相傳爲唐代之筆。此從狩谷本影摹、字體尚未絶俗、想見原本之高古。其中文字固有鈔手奪誤之處、而其有足訂今本之誤者、絶非宋本所可及。特重錄一通以貽筱珊、知不河漢余言。光緒庚寅（十六年）嘉平月楊守敬記。

狩谷棭斎旧蔵本は唐代の筆と伝えられ、模写本の字体からもその高雅古朴さを想見でき、鈔写時の脱誤はあるものの、現行本の誤りを正しうる点で宋版に勝るとし、もう一部模写して繆荃孫（字筱珊）に贈り（繆荃孫『芸風蔵書記』巻一経学「禮記單疏　影寫東洋卷子本」）、自分の見立てが絵空事ではないことがわかったと述べている。

その後、この模写本の原本である本巻は、和田維四郎（一八五六～一九二〇）の手に渡り、『雲村文庫目録』甲第一輯（和田維四郎、一九二〇年序）に著録され、「平安朝初期ノ書寫」と鑑定された。雲邨文庫は、後に和田自身が和漢書収集の顧問を務めた岩崎久彌（一八六五～一九五五）に帰し、昭和三年（一九二八）二月に狩野教授還暦記念会が借照して複製本（モノクロ・軸装）を刊行した。その跋には、『礼記正義』単疏本の古鈔本として唯一無二の存在であり、狩谷棭斎旧蔵と伝えられ、和田維四郎の没後、岩崎家に帰したこと、劉承幹『嘉業堂叢書』本には粗漏が多いことが記されている。

本巻は、昭和六年十二月十四日に国宝に指定された（昭和二十五年の文化財保護法施行により重要文化財となる。指定番号〇〇一〇二）。東洋文庫事務室に架蔵される『昭和六年十二月十四日指定国宝調書』の「礼記正義」の「略説」に次のように記される。

本書ハ曲禮上下書寫ノ卷子本デ首尾ガ僅カニ缺失シテヰル。正經注語ハ何レモ首尾ノミ略出シ、ソノ後ニ疏ヲ記シタ所謂單疏本デアツテ所々ニ別筆ノ校合ガ加ヘラレテヰル。文字ニ古體ヲ存シ、頗ル正義ノ原本ニ近キヲ思ハシメル。ソノ書風ヨリ見テ唐初ヲ下ラザル鈔本タル事ヲ疑ハナイ。紙背ニハ寛弘五年ノ書寫ニカヽル中筭選述ノ賢聖略問答卷第一ガアル。卷尾ノ識語ニヨレバ、本書ハ天延三年中筭ガ興福寺喜多院松房ニ於テコレヲ草シタモノデアル。此ノ書ハ奈良藥師寺ニ卷第四ヲ藏スルノミデ希覯ノ典籍デアル。

本調書では、文字に古体を留める点から孔穎達の正義の原本に近いものと推測し、和田維四郎・狩野教授還暦記念会の平安朝書写説を取らず、書風を根拠に初唐の書写と鑑定している。昭和五十六年二月刊行の大阪市立美術館編『唐鈔本』「7　礼記正義巻第五」（中田勇次郎氏解説）・平成二年（一九九〇）三月刊行の東洋文庫日本研究委員会編『岩崎文庫貴重書書誌解題Ⅰ』も、これとほぼ同じ見解である。本巻の書写に関しては、石塚晴通・小助川貞次両氏の「『礼記正義』書誌解題」を参照されたい。

民国二十四年、本巻は張元済（一八六七～一九五九）によって一行を二行に分けて『四部叢刊三編』に景印収録された。張元済はその跋で本巻によって阮元の校勘記を補正できると高く評価し、かつ「先唐寫經、字體多與今世不同。…叢刊收編古鈔巻子眞蹟、此曲禮殘本猶爲嚆矢、爰擧其概、以助引伸云。」と述べ、本巻を唐鈔本とみなしていたようである。

日本で最初に本格的に本巻を研究し、その成果を公表したのは、吉川幸次郎（一九〇四～八〇）である。吉川氏は、昭和十三年十一月二十日の東方文化研究所第九回開所記念日に「旧抄本「礼記正義」を校勘して」と題する講演を行い、その講演録が『東方学報京都』第九冊に収載された。その中で、鑑定家の言に従い本巻を平安朝末期の書写としながらも、伝来の宋版よりも旧態を存していると極めて高く評価する。また南宋紹熙本との校勘を行って、宋人が詳定した際の誤脱・意図的な改竄、孔穎達と宋人がそれぞれ使った経注本のテキストの異同について詳述する。なかでも紹熙本の標起止が経・注の初めの二字と終わりの二字を「〇〇至〇〇」と記すのに対し、鈔本では二字に拘泥していないがために、孔穎達と宋版の依拠した経・注の異同、および本来のテキストを知ることができると高く評価する。その一方で、鈔本が誤っていて、宋版が正しい場合の方が数倍多い点にも着目し、写本による伝承の難しさと、これを詳定して刊行した宋人の苦心に思いを馳せる。実際、ざっと目を通しただけでも、誤字・脱字・衍字の類は本巻の至る所に見出すことができる。例えば第198行の正義の文「而僕不下者」五字を標起止と誤って上下に一格空けたり、第287行「物有宜奉時」で始まる正義に対応する標起止を誤脱したり、第297行の正義「心平也」の下に次の標起止の「國君」二字を衍するといった類である。なお吉川氏の講演録を再録した『吉川幸次郎全集』第十巻の昭和四十五年八月自跋には、漢文で記した校勘記の未定稿を東方文化研究所の研究報告として提出したとあるが、『吉川幸次郎全集』第二十七巻「吉川幸次郎編年著作目録」にそれらしき著作は見えない。

なお、本解題の作成に当たっては、東洋文庫との協力協定によって使用を認められている中央研究院歴史語言研究所漢籍電子文献資料庫（授権使用版）の多大なる恩恵をこうむった。ここに記して謝意を表したい。

参考文献一覧

内藤虎次郎『影印秘府尊蔵宋槧単本尚書正義解題』（大阪毎日新聞社、一九二九年十月）

長澤規矩也「十三経注疏影譜」（『長澤規矩也著作集』第三巻宋元版の研究（汲古書院、一九八三年七月）所収。初版一九三四年長澤規矩也刊）

長瀬誠「五経正義単疏本に就いて」（『拓殖大学論集』35、一九六三年十月）

吉川幸次郎「旧抄本「礼記正義」を校勘して――東方文化研究所第九回開所記念日講演――」(『東方学報京都』第九冊、一九三八年十月。『吉川幸次郎全集』第十巻（筑摩書房、一九七〇年十月）に再録)
大阪市立美術館編『唐鈔本』(同朋舎出版、一九八一年二月)
東洋文庫日本研究委員会編『岩崎文庫貴重書書誌解題』I（東洋文庫、一九九〇年三月)
李致忠「十三経注疏版刻略考」(『文献』二〇〇八年第四期、二〇〇八年八月)
呂友仁整理『礼記正義』七十巻（『十三経注疏叢書』、上海古籍出版社、二〇〇八年九月)
野間文史『五経入門――中国古典の世界』(研文出版、二〇一四年三月) 他

［補記］
本解題は、『東洋文庫書報』第46号（東洋文庫、二〇一五年刊行予定）に掲載の拙稿「東洋文庫蔵重要文化財『礼記正義』について」を抄録したものである。同稿の巻末に「『礼記正義』巻第五残巻内容一覧」を附載したので、本巻と現行の注疏本との照合等に利用されたい。

東洋文庫善本叢書5

国宝 毛詩
重要文化財 礼記正義 巻第五残巻

監修 東洋文庫
解題 石塚晴通
小助川貞次
會谷佳光

制作 (社)勉誠
発行者 池嶋洋次
発売 勉誠出版(株)
〒101-0051 東京都千代田区神田神保町三―一〇―二
電話 〇三―五二一五―九〇二一(代)

二〇一五年二月二十五日 初版発行

印刷 太平印刷社
製本 大口製本

ISBN978-4-585-28205-1 C3080